KB034898

The Hero who Fought for

the Right to Medical Care

MIRAE
BOOK

Gino Strada

Editing and Printing by : The Sunhak Peace Prize Secretariat Office
Published by : Mirae Book
Printed by : Kwangil Printing Enterpriser Co.
Design by : Design feel
Published Date : January 2018

Copyright © 2018 The Sunhak Peace Prize Foundation

ISBN : 979-11-88794-04-1 03300
Price : 15,000won

The Sunhak Peace Prize Secretariat Office
14F Dowon Building, 34 Mapo-Daero, Mapo-Gu, Seoul, Republic of Korea 04174
Phone : +82)2-3278-5154 / Fax : +82)2-3278-5198

기획·편집   선학평화상 사무국
발 행 처   미래북
인   쇄   광일인쇄기업사
디 자 인   디자인필
발 행 일   2018년 1월 25일

ISBN : 979-11-88794-04-1 03300
정 가 : 15,000원

선학평화상 사무국
121-728 서울시 마포구 마포대로 34 도원빌딩 14층 / 전화 02-3278-5152 / 팩스 02-3278-5198

Gino Strada

The Hero who Fought for
the Right to Medical Care

Gino Strada

28 years at the operating room where life and death intersect,
taking a different approach to medical practice
to protect and honor human rights.

Contents

The hero who fought for the right to medical care
for refugees and war victims

The world is still at war.

As of now, more than ten regions globally are ensnared in armed conflicts. Even the Korean Peninsula has been under an armistice agreement for more than 60 years. No one knows when the tinderboxes of war will explode elsewhere in the world.

There is, however, a more crucial question we should ask ourselves. Who are the real victims of war? During World War I, civilian casualties took place only on the battlegrounds: approximately one-tenth of all deaths. During World War II, the rate was two-thirds. Today, with the changing nature of war, the civilian casualty rate has increased to nine out of ten, one-third of which are children under the age of 18. Furthermore, post-World War conflicts around the world have resulted in the loss of more than 25 million lives.

The number of immigrants who lost their homes due to war and persecution also reached a peak high after World War II. According to the United Nations High Commissioner for Refugees (UNHCR)'s 2016 Global Trends report, 65 million people were reported to be forced migrants, which makes one in every 113 people in the world a refugee, an internally displaced person, or simply homeless. Indeed, the world is still at war.

The Sunhak Peace Prize was established by Rev. Dr. Sun Myung Moon and Dr. Hak Ja Han Moon, based on their peace vision of One Family Under God, to help prepare for a peaceful future for all humankind, and to present a future peace agenda that will guide our shared human destiny toward peace. While diaspora has been one of the oldest recurring adaptive measures to crises in the history of human civilization, now more than ever, this problem should be addressed as one of the most crucial issues of our time.

It is with this critical situation in mind that the Sunhak Committee has focused on the global refugee crisis. The Committee has chosen, as the 2017 Sunhak Peace Prize laureates, Dr. Gino Strada, who provides medical and surgical care to the victims of war and poverty, and to refugees around the world, and Dr. Sakena Yacoobi, who presented an innovative solution for refugee resettlement through education.

Dr. Gino Strada is an outstanding humanitarian who has provided medical and surgical treatment for 28 years to people in war-torn countries. In 1994, he established a humanitarian organization called EMERGENCY, which has been operating over 60 emergency medical facilities in more than 16 nations. He has contributed to saving an amazing eight million lives, many rescued from situations of dire vulnerability. Even the most dedicated doctors cannot last more than a few months in war-torn areas, but he has endured for half of his lifetime at the forefronts of global conflicts. In the middle of the world's most dangerous warzones, he has provided emergency medical relief to millions in need.

Dr. Gino Strada sees the right to be cured as a basic and inalienable human right, and is raising the bar, striving to provide high-quality medical treatment free-of-charge to people in need. He received agreements from the governments of at least 11 nations in Africa, who committed to providing free healthcare for all, and took a leadership role in raising awareness for human rights. The first free-of-charge, world-class center was built in Khartoum (Sudan) and is specialized in cardiac surgery. With steadfast resolve, he is building a movement to oppose conflict and violence, based on the moral and political point of view that war cannot be justified for any reason.

The tragic irony is that despite the enormous scope of his activities, Dr. Strada has remained an unsung hero. He describes his own achievements as "adding a single drop of water into a vast ocean." For this reason, the Sunkak Peace Prize Committee decided to publish this book to promote his achievements and activities. Just as those who experienced EMERGENCY were able to change their lives, we also want to add one more drop to the ocean. In so doing, we hope that the global community can make transitional efforts for the good of humankind, as we face the most daunting refugee crises since World War II.

August 2017
Sunhak Peace Prize Committee

28 years at the operating room where life
and death intersect, taking a different
approach to medical practice to protect and
honor human rights.

Chapter 1

Battlefield Surgeon

1. The Holocaust isn't over

Dr. Gino Strada is a Nobel Peace Prize nominee for his outstanding humanitarian achievements as a doctor, including saving more than eight million lives of refugees, poor people and war victims. Between 1989 and 1994, he worked for the International Committee of the Red Cross (ICRC) as a physician in conflict zones around the world, after which he established his own organization, EMERGENCY.

He is a man who believes that medical treatment should not be a business, but a basic human right. Through his countless sessions of surgery, he also developed a conviction that he had to put an end to war, the origin of suffering of innocent lives. Now he is leading a massive anti-war movement for the sake of world peace.

At age 69, Dr. Strada often looks back at his life, particularly about his father. He wonders, "What would my father say if he found out that I am at the border of Pakistan?"

Dr. Strada has fond memories of his boyhood days with his father. He remembers how his father would ride a bicycle to and from work. He would return home in his work uniform drenched in oil, pedaling as fast as he could to see his family and son. He would often take the young Gino to his work, riding the bike though a narrow alleyway at the outskirts of Sesto San Giovanni in Milan, as Gino rang the bike bell.

Dr. Strada's father was a factory worker and a talented craftsman. He recalled how his father could make anything for him: a toy castle with soldiers, a toy barn with horses and other woodcrafts; they were Gino's treasures. He was a self-taught man who particularly enjoyed operas. He also sang as a baritone while wearing a solemn expression and holding his son in his arms. When he passed away, Gino fought to hold back his tears, because he knew he'd never be able to stop once he started. If he was still alive, Dr. Strada could not imagine what his father would feel if he knew his son was far from home, in the middle of the most dangerous wars.

Dr. Strada could have lived another life. He asks himself from time to time, "Why am I here, in these conflict areas?" To that, his deceased wife, Teresa Sarti, would say it is because of "an incomprehensible impulse that drives men to confirm their own existence." It is something, she would say, that comes first, before love, before family, or even before self-realization. Indeed, Dr. Strada constantly strives to maintain balance between his profession, his views on life and his daily life. Nevertheless, he also constantly thinks about what he can do to help others. We can see this impulse in many instances in his life, like in 1968 when Dr. Strada had joined a protest.

The thought and motivation behind why he did so brought him to where he is today.

Dr. Strada believes that we all must take some responsibility for those who are less fortunate in the world than ourselves, and that we must have the consciousness to care for them. Too often in this world, bad things happen to good people. Some lose their limbs, while others get sprayed with bomb shrapnel. These people struggle to stay alive as they are being carried on the back of a llama, or lying in the back of a carriage, traveling along precipitous mountain roads, to reach a hospital for treatment. By the time they arrive, their bodies are bloodied and soiled, and they are exhausted. Nevertheless, if there is someone is waiting for them at the hospital to save their lives, then that is what Dr. Strada calls "humanity." It is the heart that we all must have if we are to truly be human. He thinks that that is that "impulse" of which his wife spoke of, and that has led his life thus far.

Another reason why Dr. Strada works at the warzones may be because he cannot stand to live a mundane, meaningless life. He thinks the more difficult life is, the more fascination comes out of it. It is a way to break the monotony of a stereotypical life. It is like a game that he is determined to win.

When he was young, all that Dr. Strada knew about war was from the stories that he had heard from his father — about how he had to run to a bomb shelter whenever he heard sirens, about how difficult it was to buy candy, about the incident of a bombing near Milan… After a war that had ended recently, his father told him about a school in the province of Gola where many children became bombing targets; 194 children and teachers died there. Why would they drop a bomb where there was not a single soldier? The young Gino could hardly understand why. It perplexed and disgusted him beyond comprehension.

During World War II which took place several years later, many civilians died. About 65 percent of the victims were innocent civilians: factory workers, students and women standing in line to buy bread. Then came the Holocaust. At first, no one had heard about it. The reality that millions were forcibly driven out of their homes and sent to die in the most brutal slaughter in human history was a well-kept secret for a long time. Now a handful of pictures of emaciated prisoners dressed in striped prison uniforms are enough to bring back memories of a sick, twisted past. The bombing in Hiroshima is another horror that he does not want to remember, like a vivid nightmare. Countless civilians lost their lives in the mushroom cloud.

Dr. Strada also experience war personally throughout his career. When he saw his first patient during the Afghan War, he had expected him to be a soldier — but it wasn't a soldier. In fact most of the people he had to treat were not soldiers at all. Hundreds of them were women, children and elderly men. They were the innocent people who did not even know why they were caught up in war. This was the reality he had come to know in his line of work.

Good, innocent people were unfairly victimized. Too many wars, big and small, each for their own reasons, broke out consecutively: from the forests of Ethiopia, to the jungles of Cambodia; from the banana plantations of Rwanda, to the mountains of Afghanistan. It was flat out genocide — a Holocaust of a new breed. If no one stood up to help the victims, then who would? Such was the conviction of Dr. Gino Strada.

2. Determined to become a surgeon at the battlefield

"The nature of war has changed so that even children are considered enemies."

In 1989, Dr. Strada visited a warzone for the first time in Quetta, Pakistan, not far from the border with Afghanistan. It was an area where many people were massacred during the war. Dr. Strada, having worked at high-quality surgical centers in Europe and America, was curious to know what it would have been like to work in a poor country. That professional curiosity carried him to Quetta, where he visited a hospital run by the ICRC. At that time, he had never dreamed that he would have had to work in fear of gunfire and bombs. He had never thought that since that first time, he would work for almost 30 years on the frontlines of warzones.

That year he experienced the results of landmine explosions. For months, in Quetta, he performed surgeries on patients whose bodies were wounded or torn by bomb shrapnel. He did not even have the mental capacity to think. He was very experienced in performing surgeries in controlled emergency rooms, but he had never experienced the chaos of war. One person's body was so severely wounded that they didn't look human. People's bodies were torn into pieces as if they had been brutalized by a ferocious wild animal.

Even now, whenever he deals with war casualties, seeing dead bodies left on the battlefield makes him sick to his stomach. Their arms and legs are severed, their organs and arteries are ruptured, etc. This is just one of many scenes at the battlefield. Children rushed to the hospital, after losing both of their hands, were covered with cloth to stop them from bleeding. Some lost their eyesight from the explosion of a landmine. Dr. Strada performed surgeries on children by the hundreds. While treating children who were wounded from landmines, Dr. Strada began to seriously question, "Who are the real victims of war?"

During World War I, civilian casualties took place only on the battlegrounds: approximately one-tenth of all deaths. During World War II, the rate was two-thirds. Today, with the changing nature of war, the civilian casualty rate has increased to nine out of ten, one-third of which are children under the age of 18. Quetta was no exception.

Continued conflicts changed what it means to be an enemy. Peaceful villages became frontlines, homes became war trenches and innocent civilians became targets. To Dr. Strada, targeting children as a war strategy was unacceptable. There were even landmines there were designed in such a way that they didn't kill upon contact, but dealt excruciating damage to innocent passersby so as to make them and their families suffer. Innocent children, not knowing what they were, were prime victims of those mines.

In Sarajevo, the capital of Bosnia, there was a place called Sniper Alley. People had to go through this place in order to reach a hospital, but they were often targeted by snipers. The last victim of Sniper Alley was a little boy with blond hair, who was shot in the forehead and died instantly. That boy was playing in the snow not a kilometer away from the hospital. He was carrying a wood plank that he used as a sled. When he reached the top of the hill, he shouted out of joy, and slid down. At that moment, that innocent boy lost his life in the hands of a sniper.

(Source: Wikimedia Commons)

"In 1989, Dr. Strada visited a warzone for the first time
in Quetta, Pakistan, not far from the border with
Afghanistan. It was an area where many people were
massacred during the war."

"Peaceful villages became frontlines, homes became war
trenches and innocent civilians became targets."

In this manner, war kills without discrimination. Once a side considers the other side an enemy, they target the enemy and anyone who symbolizes the enemy.

However, the motivation of snipers is truly suspicious. Their function is not to cause hundreds of casualties. Sniper rifles are designed to kill only one person at a time. Yet that sniper who shot the little boy had something more to fear. A sniper rifle with a telescope enables a shooter to see even the faces of his targets. So, the sniper who targeted that boy could see him clearly. That boy had nothing but a plank for a sled. So, how could that boy be an enemy?

Dr. Strada actually had a chance to interview that sniper, in a pitch black room in Sarajevo. The sniper was a woman. He asked her, via an interpreter, why she pulled the trigger at a six-year-old boy?

"Twenty years later, he will be twenty six," she said, "Then, he will become an enemy soldier."

Dr. Strada ended the interview then and there.

It was for simple and obvious reasons like those, that Dr. Strada became a war surgeon.

3. Scourge of the Green Parrots

"They dropped thousands of Green Parrots from helicopters. The son of one of our hospital drivers, Abdullah, picked up two of them and lost two of his fingers and eyesight as he was playing with them."

Afghanistan is plagued with a certain, atypical sort of mine. Those mines, the PFM-1 type anti-personnel mines, are dropped from the sky and spin as they descend. They have two wing-like flaps on both sides of the body. When they are dropped, they do not plummet to the ground, but float down to cover a wide area. Those mines do not explode the way a typical landmine does. They explode only when someone presses either wing. Children, not knowing what they are, pick them up, bring them home, show them to their friends and play with them. After that, it is only a matter of time before they press the wing.

An elderly Afghan man brought a six-year-old boy to the hospital in Quetta. It was his son Khalil. Khalil was wrapped in make-do bandages all over his body — or any part of his body that still remained. The boy was lying down on his side, unable to move, wearing a blackened shirt. It looked as though someone had torn one of his sleeves and tightened it around his right arm for hemostasis. He was wounded by an explosion of one of those toy-like PFM-1s that Russian soldiers had scattered throughout the village. A nurse, who was also working as an interpreter, explained the situation while bringing a sponge and a basin with some water. The nurse cut the boy's shirt and washed his chest while also applying pressure; all the while the young boy did not even groan or twitch. She then removed the bandaging, revealing the boy's shredded arm. Three of his fingers were so badly injured that they could not be saved.

As Dr. Strada was leaving the operation room, the nurse showed him a piece of the mine and said,

"This is a piece of shrapnel from the toy-like mine. The elderly here are calling it a 'Green Parrot.'"

Dr. Strada pictured the shape of the mine. It had to have been 10 centimeters in length, with two wings on each side and a cylinder in the middle. He could clearly tell what part of the mine the child was holding in her hand — the end portion of the wing.

"… they disperse thousands of these mines from low-flying helicopters," the nurse continued, "The son of Abdullah, a driver working at the hospital, lost two fingers and even his eyesight last year while playing with this mine that he picked up from the street."

Khalil was not the only child, whom Dr. Strada treated, to have suffered

"Those mines do not explode the way a typical landmine does.
They explode only when someone presses either wing.
Children, not knowing what they are, pick them up, bring them
home, show them to their friends and play with them. After
that, it is only a matter of time before they press the wing."

from the Green Parrots. Three days later, another child victim of those mines was brought in. Dr. Strada had dealt with many children whose limbs were blown off, or who lost their eyesight. Those toy-like mines were designed to disable children and throw them into eternal darkness.

What on earth could drive human beings to commit such animalistic violence? What was the insanity behind the creation of the Green Parrots? This was the reality of something so deplorable that Dr. Strada could not help but hate. He could not even think that the skills and creativity of scientists would go into designing the PFM-1s. A chemist would first thoroughly study the mechanism on how to make the weapon explode. He would create the explosive and have his supervisors approve it. The politicians would then pass a bill to begin production, and the factory workers would mass produce those landmines by the thousands.

However, the people who made those mines were also human beings. They had children too, whom they took to school every morning, held their hand as they crossed the street, protected them from danger and told them not to take candy or toys from strangers. Yet when they went to work, they would makes bombs to trick children of their enemies so that as many of them could suffer in the most gruesome way possible. All those inhuman ingenuities were plotted in the high-rise buildings of modern civilization. This was the motivation behind Dr. Strada's campaign to raise awareness and stop the production of mines.

4. The reality of refugee camps

"At the refugee camps, there were patients with malaria, tuberculosis, those with lost limbs, elderly people who were on the verge of dying, and women who had just given birth."

The Cambodian Killing Fields were a number of places in Cambodia where collectively more than a million people were killed by the Khmer Rouge from 1975 to 1979. It was depicted in a movie, The Killing Fields (1984), based on the investigation of a New York Times correspondent who arrived in Phnom Phen, to report on the Cambodian Civil War, in 1972.

The movie's main character, Dith Pran, is a journalist who is arrested by the Khmer Rouge. Pran barely manages to escape and travels through the Killing Fields, eventually arriving at a Red Cross refugee camp on the border of Thailand and Cambodia, which is the same hospital where Dr. Strada worked in 1990.

Khao I Dang is the name of the village where the Red Cross refugee camp was located. It was a village for asylum seekers from Cambodia. In 1990, the supporters of Pol Pot, leader of the Khmer Rouge, were still in control of the refugee camps at the border, even though they were expelled from power. The remains of those camps are not visible unless seen from 20 meters away. There were two camps: Camp A, where 75,000 refugees resided, and Camp B, where there were 130,000. They were known as the wandering ghosts of the new Killing Field. From the standpoint of those who were in control of the camps, they were their insurance policy, i.e. they were hostages used to get money from the international community.

In Khao I Dang, there was an ICRC hospital where wounded patients were treated. The hospital was located about 200 meters away from Camp A. The hospital was under the control of Thai troops (not the Khmer Rouge). The hospital did not have solid walls. Instead, the so-called walls were partitions made out of bamboo trees. It was filled with patients, most of them were young people and children who had lost at least one of their arms or legs.

When Dr. Strada visited the hospital for the first time, he felt uneasy, as if another Pran, covered with blood, would run up to him barefoot from the camp on the hill. No one showed up unexpectedly from the forest that day, but Dr. Strada could not erase the image of countless bloodied refugees from his mind. How many of them would try to go over that hill, exhausted, hungry and sick with malaria, he wondered. And how many people would be shot dead by the Khamer Rouge with their Kalashnikov rifles?

Cambodia, like Afghanistan, is fraught with landmines. So it's no surprise that one out of 230 people would lose one or both legs from those mines. Nevertheless, refugees still risked their lives to escape the massacres. The paradox of it all was that the injured were actually the privilege ones, because the hospitals were much safer than the refugee camps. In a morbid twist of fate, surviving a mine blast was the best thing that could happen to a refugee of the Cambodian Civil War.

Once they were released from the hospital, they were sent back to their camps, which were surrounded by barbed wire fences. Violence was rampant in the camps. Human rights were non-existent. Those camps were not just prisons to keep refugees in; they were shooting ranges for Khmer Rouge fighters. Young soldiers addicted to opium would shoot any refugee, unable to control their newfound sadistic urges. The best way to survive was the stay silent. If anyone spoke up in protest of anything, the next day their lifeless bodies would be found in the middle of the camp. On the other hand, patients staying at the overcrowded hospitals at least had the protection of the Thai soldiers.

Unlike the movie, though, no one could escape the hellish camps and see New York like Pran did. No one could become famous like Pran was. All they could do was hope to survive.

The refugee crisis situation was similar in Kuito, Angola, where Dr. Strada worked after Cambodia. 70,000 people lived in homes damaged from bomb raids. Flying over Kuito, Dr. Strada could see that most home did not even have rooves. Kuito was a place of conflict between two political parties: the People's Movement for the Liberation of Angola (MPLA) and the National Union for the Total Independence of Angola (UNITA). Their armed struggles were blatantly visible in the damage they wrought onto the people.

One day Dr. Strada was walking on the streets of Kuito. Electric poles were bent or pulled out, streets were damaged from mortar shots and walls had bullet holes in them. It was surreal! Yet even in the midst of the devastation, blankets and colorful children's clothes were hanging, and occasionally people would greet Dr. Strada and his companions from out of their decrepit homes.

Dr. Strada arrived at a hospital; but given its structural condition, it had no right to be called that. It was a three-story building that looked as though it would collapse at any moment. In one of the rooms, there was a sheet of vinyl, hung to block the sunlight. Cardboard and blankets covered with urine stains and feces were placed on the floor, where the wounded were lying down. Flies were everywhere. TB patients, people who had lost part of their body, elderly people who were close to dying, women in labor — all were lying on the grimy floor. At a corner of one of the rooms, there was a boy who had lost one of his legs; he had his hand on his thigh wrapped in bandaging stained with blood and pus. There was no doctor or any medicine. The hospital was just a place for them to wait for death. Dr. Strada even wondered if anyone would care to bury their corpses after they died.

Dr. Strada went to the refugee camps nearby. There were white tents as far as the eye could see. More than 10,000 refugees had flocked from the southern part of the country to escape the bombings. They traveled at the risk of their lives through several hundred kilometers of mine fields. Many died along the way. Those who survived came with missing limbs — and they were the fortunate ones!

Those refugees were accommodated at what was called "The Rehabilitation Center" in Kuito. The name was really a joke. There were about 50 people sitting against all four walls in one of the rooms. Their faces were blackened by the smoke of a bonfire lit in the center of the room. Those with no arms needed someone to feed them, and those with no legs crawled across the urine-stained floor (not to mention the feces). Who knew how long they would have had to live like that? Dr. Strada could not believe his eyes. Why doesn't the world do anything about it? Isn't that the duty of a human being?

5. What defines a war surgeon?

"A war surgeon? What exactly does a war surgeon do?"

This is the question people ask Dr. Strada the most. The first thing he always says is that he isn't an army medic; he doesn't belong to a military division or work for any. That is not to say that he dislikes the military. He also acknowledges that his profession is not commonly known.

However, if people are aware of the conflicts around the world from the news they hear, then it should come as no surprise that there are people like Dr. Strada doing work where those conflicts persist. He says that he ended up working in his field because he happened to work at many locations where wars broke out.

He explains, "From the beginning I did not intend to become a war surgeon.

I didn't have a special motivation. I just wanted to take care of those who were victimized. In 1989, I had a chance to work as a surgeon at the ICRC in Pakistan, then I went to Afghanistan and Djibouti in 1990."

Considering the number of armed fights that break out every year, on top of the battles ensuing from previous years, devastating villages and civilians, who could he not come to their aid? There is no clearly laid out rule in the world of war, except that the strong can take from the weak. Any ration or other resource, no matter how scarce, they can confiscate with ease for military use. Under what pretext can taking from the have-nots to give to the haves be justified?

The last question he is usually asked is, "Why would work at a job like this?"

Dr. Strada is well aware of what his friends and the public at large think. After all, not everyone can be willing to risk their lives and subject themselves to horrible living conditions. But Dr. Strada's answer to them is always the same, "I like my work. I can't imagine myself doing anything else. That is why I am doing what I am doing."

He enjoys facing new challenges and unexpected difficulties; the dangerous environments he throws himself into are exhilarating. To him, that is his comfort zone. He does not want to be perceived as snobbish or pretentious. Rather, he wants to be known as a man who challenges himself, a man who sees no limits. A victory to him is overcoming a limitation before moving on to the next challenge. When overcoming seems impossible, like being trapped within four walls without a door, he simply taps into his can-do attitude and dives headfirst into action. With this mindset, he's proven that he can do anything to help others. Dr. Strada's life of challenging himself has also given life to a sense of human rights where they otherwise didn't exist: the warzones. Human rights issues are a popular topic of debate, but hardly anybody is willing to do anything about it. Therefore, Dr. Strada hopes that through his work he can inspire people to finally stand up and act.

Dr. Strada emphasizes, "I do what I can do with the limited manpower, resources and funds that I have."

At times, he can feel discouraged, and he gets angry. Just because he enjoys challenges, does not mean he even doesn't feel like giving up at times. It is at times like those that he thinks about the patients he helped, and dreams about mothers smiling and children playing again. He realizes that every day he spends with the refugees is not wasted, and he can sleep with an easy conscience. In the morning, his vigor is revitalized and he begins work with a fresh sense of determination.

Although he compares his work to a mere drop of water, Dr. Strada believes that one drop of water is better than not having any water at all, because that one drop is enough to inspire hope. However, he doesn't want to overshoot his importance, either. To him, a war surgeon is no different from a firefighter, a policeman or a baker, i.e. a war surgeon is another profession that the world needs

When things are moving, when jobs are being created, when people are being hired, they can gain dignity and pay for things they need. Likewise, Dr. Strada can provide the needy with high-quality medical services to help them regain their dignity.

Practicing medicine on the frontline is not an adventure or an act of impulse. Just being able to demonstrate interest or desire or generosity is not enough for this line of work. People in this field must be helpful and useful, otherwise they might as well stay home. However, the greatest challenge of a war surgeon is being able to suffer together with the patients. It first takes humility to step into the frontline for the sake of the victims. Then, it takes training and self-discipline, and the willingness to subject oneself to harsh conditions daily. That is the minimum of what it takes to even begin day one!

Even the most dedicated doctors cannot last more than a few months in war-torn areas, but Dr. Strada has endured for 28 years and counting. Just as a firefighter is called to action at the sign of a fire, Dr. Strada cannot turn down the call to medical treatment for victims of war.

6. Triage

"Who should be the first patient to be taken to the surgery room?"

In medicine, there is a term called "triage." It is derived from the French word "trier," meaning "to sort." This is important, because the situation at a warzone is different from that of a hospital in an urban city. Usually (as is standard medical practice), a patient is treated by two or three doctors. But at a warzone, there are more patients in critical need than there are available doctors. A war surgeon has to take care of tens of patients alone. This is why the triage process is necessary. Doctors must decide whom to treat first and whom to treat later; they evaluate the condition of the patients, and then choose the one in the most critical need. It is never easy to tell a critical needs patient to wait, knowing that they might have to wait for

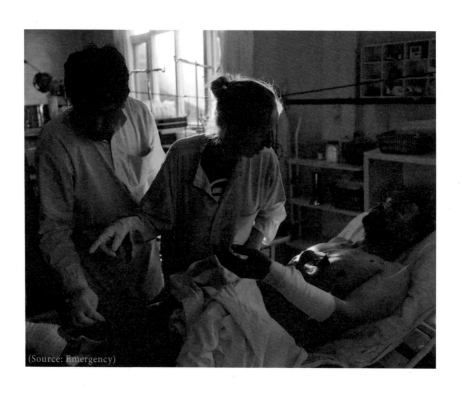
(Source: Emergency)

"A war surgeon has to take care of tens of patients alone.
This is why the triage process is necessary. Doctors
must decide whom to treat first and whom to treat later;
they evaluate the condition of the patients, and then
choose the ones in most critical need."

hours. Sometimes, the process of triage itself is traumatic to the patients.

War surgeons cannot simply pick the first patient to come in; the first come, first serve model does not apply during times of crisis. Even then, it is hard to tell which patient is in more critical condition than another. Doctors have to rely on their judgement when seeing the expressions on the patients' faces. As they do, the doctors go around marking numbers on the patients with a felt-tip pen to designate the order by which they will be treated. Making that decision between life and death for someone else is an inevitable choice, but also a painful one.

But triage isn't the only painful policy a war surgeon must abide by. In a warzone, it's pointless to treat a patient who will pass away regardless. A doctor cannot spend hours on a hopeless cause. It's better to treat those whose lives can be saved. After all, a war surgeon's job is to save as many lives as possible. But imagine for a second needing to turn down a patient, in dire condition, because that patient cannot be saved, as you take in someone else, whose condition is less severe, but can be saved. Would you be able to do it?

Dr. Strada is familiar with that policy. He constantly assures himself that that is the right thing to do, but he also can't help blaming himself for those whom he couldn't help. The pangs of conscience and sense of hopelessness come side-by-side with those decisions.

One day, a long time ago, in Kabul, Afghanistan, an Australian nurse named Margret grabbed Dr. Strada by the arm and pleaded, "Please come this way! There are hundreds of patients out there in the front yard!"

Sure enough, a large crowd had gathered in front of the hospital. Among them were members of the armed guerrilla group, the Mujahideen. The Mujahideen combatants, those who were healthy and active, had the hospital within their line of fire, and could shoot it down if they wanted to. This wasn't the first time Dr. Strada had experienced coercion by that group; he had been forced to operate on their fighters at gunpoint before. But this time was different. Indignation burned within him as he turned to the nurse and said,

"Margaret, here's my triage. Women and children come first."

"What?!" Margaret asked, startled and perplexed.

"I said women and children first! If you have a problem with that, ask someone else to do your triage!"

As a doctor, he was supposed to do his job — to save human lives regardless of who they were. But that day, he did not have the slightest sense of sympathy or compassion for the Mujahideen.

Since that day Dr. Strada has reflected on his emotional outburst. He had violated the code of medical practice. Surely, the women and children were the victims, and the Mujahideen were the victimizers. If they had a bullet in their abdomen, then that was on them, because they did the same to others. So how could they think they had a right to Dr. Strada's treatment?

In the end, he realized that what he did was an act of revenge, though some would say it was justified. It was a moment when he gave in to his inner demons and turned into a merciless judge. He was startled with his own choice. This was something that he was not supposed to do as a doctor involved in a war.

Consequences are always the same, regardless of sides. War is nothing but death and destruction. Every day, the doctor, facing this plain truth, thought about how to end the practice of war.

In the nations that were devastated by violence, those who pay the price are innocent children, women and men who have no involvement the war.

The triage Dr. Strada made that day was not a matter of who needed healthcare the most, but who the victims and victimizers were. The choice that he had would torment him for many years.

1. Founding EMERGENCY

Today the streets in Rwanda are clean: the people go about their daily lives in peace. However, in 1994, Rwanda was home to racial genocide. It started in April that year and continued for about 100 days. The government's army and mercenaries killed 800,000 to one million people from the Tutsi tribe. Two million refugees resulted from the violent struggles. It was during that time that "the worst ethnic cleansing of human history" took place since the Jewish Holocaust. This genocide claimed countless lives and is still unforgotten after 20 years.

Due to his wealth of experience working in warzones with the ICRC, Dr. Strada wanted to continue helping innocent civilians. And it was thanks to those experiences that he left the ICRC to establish his own organization,

(Source: Emergency)

"It was in the middle of the Rwanda genocide that Dr. Strada founded EMERGENCY, headquartered in Italy, along with his wife, Teresa Sarti, and some other colleagues. His organization was based on his humanitarian spirit to help people who were suffering from the traumas of war-related disasters."

as he believed a smaller group could more effectively deal with patients than the complexities of a large bureaucracy. It was in the middle of the Rwanda genocide that Dr. Strada founded EMERGENCY, headquartered in Italy, along with his wife, Teresa Sarti, and some other colleagues. His organization was based on his humanitarian spirit to help people who were suffering from the traumas of war-related disasters.

With EMERGENCY's founding, Dr. Strada made an international team of war surgeons and reopened the Kigali Hospital in Kigali, Rwanda, which was severely damaged by the war, under the banner of EMERGENCY, and began providing medical treatment to the genocide victims. Thus began the story of EMERGENCY.

There was a girl named Alfonsine. She was one of EMERGENCY's first patients who was somewhere between 18 and 21 (in Rwanda it's not unusual for people not to know their own exact ages). Just like many other girls, Alfonsine escaped from Kigali with her family at the beginning of the massacres. She hid in the forest for many months, while scavenging for food. One day, she was walking with her family, with her father at the front, up a hill when they stepped on a mine.

Kigali Hospital was not even five kilometers away from that site. Her younger sister, Ansil, was the first one brought to the hospital. She appeared to be about 10 years old. A metal shard from the bomb was stuck in her brain, and she was unconscious. She was immediately moved to the operation room.

About one hour later, Ansil's sister, Alfonsine, in clothes soaked with blood, arrived on a straw hammock. Michel Barre, an Australian doctor dispatched by the UN, attended to her. She quickly began operating on her in the hallway next to the operation room. Alfonsine's two legs were blown off and her skin was scorched.

That evening, the lights went out and Dr. Strada and his team had to halt Ansil's operation. In fact, there were many instances when the hospital wouldn't have electricity. Such was the case here, and the team would have had to resume Ansil's operation the next morning had it not been for the Australian military that set up camp near the hospital. They provided a light for the team to continue working, and they managed to finish the operation by 10 pm.

Sadly, Ansil was in a coma. The damage to her brain was so severe that her chances of survival were bleak. Dr. Strada could not rest even after the long operation. When Dr. Barre told him about Ansil's sister and that she was in critical condition too, Dr. Strada had her immediately taken to the operation room. There was no reason for Alfonsine to die as well, so Dr. Strada wasted no time.

However, there was a problem. Alfonsine needed a blood transfusion due to the blood she lost from her severed limbs, but there was no blood readily available. Their only other option was to perform a direct transfusion, and luckily for them, Dr. Barre was a type O-negative. So they placed two hammocks next to one another and laid Alfonsine on one of them as Dr. Barre lied down on the other. They promptly commenced the transfusion process, giving blood to Alfonsine until Dr. Barre started to get dizzy. Then after Barre, three O-negative Australian soldiers, whom they had found and brought in, also gave their blood to the girl. 30 minutes later, Alfonsine started showing signs of improvement. As she did, the medical team cheered her on.

It wasn't over after the blood transfusion, though. Dr. Strada and another doctor, John, stayed with her in the room and kept watch in case something happened. When 5 am came around, Dr. Strada, who had been sitting next to Alfonsine for the past two hours, suddenly heard John exclaim, "She's urinating!"

She was going to make it! The two doctors felt the most overwhelming sense of fatigue and relief in their lives. Around noon, Alfonsine finally opened her eyes. Her condition stabilized along with her blood pressure. Two days later, her health returned to normal.

This was the starting point for EMERGENCY, an organization born triumphantly against the raging fires of hell. At its inception, it had neither a systematic structure, nor thorough planning. It was a small group put together hastily to combat the urgency at hand. Now, more 20 years later, this organization has high-quality medical centers and professional medical teams all throughout the world. All the while, EMERGENCY has been promoting a culture of peace, solidarity and human rights, while providing victims of war and poverty with the best quality medical services totally free-of-charge.

2. The three principles of EMERGENCY

In 1994, when EMERGENCY first started, it had no clear policy or guidelines. It was virtually created on the operating table on which it treated its first patient. To treat the wounded is not simply a matter of generosity or compassion; it is something that must be done to perfect completion with every operation. That is what Dr. Strada believed from the beginning.

Over time, as EMERGENCY expanded, it developed its three guiding principles. This is where Dr. Strada's right to be cured belief arose from. Those principles arose in response to the needs of the poor, who don't have money to pay for medical treatment, and who often give up on life because of it.

The three principles are:

First, Equality: Every human being is entitled to healthcare regardless of economic, social, gender, ethnic, language, religious or ideological status.

Second, Quality: High quality medical service needs to be provided in accordance with the request of the patient, based on the level of modern medical science

Third, Social responsibility: Medical services provided by EMERGENCY should be free-of-charge. The poor and powerless also have the right to be treated.

Dr. Strada had met too many patients who refused to get treatment because of money. One such event happened in Peru with an old man named Pedro. Dr. Strada walked into the hospital one day and saw the old man lying on a stretcher. His stomach was bloated like a balloon due to intestinal obstruction, and Dr. Strada could see the aggravation in his blind eyes. He offered to give him a surgery, but Pedro refused. Dr. Strada tried to convince him that surgery was the only way to save his life, but Pedro was stubborn.

"Please don't give me surgery!" he begged.

A colleague of Dr. Strada, Julio, took him by the arm and led him out of the room where Pedro was.

"He isn't afraid of the surgery," Julio explained, "He knows he'll die without it, but he's afraid that if he goes through with the operation, he'll put his family in debt... Everything here costs money: medicine, gauzes, hospital meals — even using the beds costs money. In fact, surgeons have

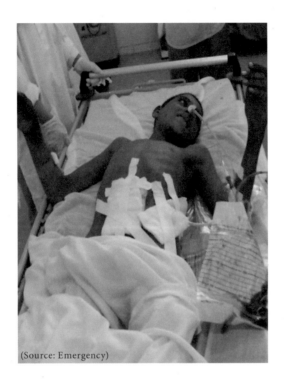

(Source: Emergency)

"Those principles arose in response to the needs of the
poor, who don't have money to pay for medical
treatment, and who often give up on life because of it."

to even pay to use the operation rooms. If that old man had something like pneumonia, he'd be able to pay for it, but a surgery is out of his budget. That's why he's asking you not to operate on him."

What Julio said reminded him of an incident he had heard in Ayacucho, Peru. There was a boy who fell off the third floor of a building and seriously injured his head, and he was rushed to a critical care unit. As his body lay on a bed in total paralysis, the doctor asked his parents for a fee to begin his treatment. The price was too high; the father resigned the offer as the mother crumbled in tears. What happened next was unspeakable. The nurse took the boy's parents away and the doctor left him in the operation room. One hour later, the boy died.

Dr. Strada could not let Pedro die like the boy in Ayacucho, so he made an ultimatum with the hospital's director. He knew that the director highly valued him as a surgeon, so he said that if the hospital did not give Pedro the surgery for free, Dr. Strada would go back to Europe. The director accepted his request.

He went back to Julio and said, "Go ahead and prepare the surgery. I'll tell Pedro's family that they do not have to give a single sol (Peruvian currency). I'll be with you in 10 minutes."

The surgery was a success, and Pedro made a full recover after 10 days. He grabbed Dr. Strada's hand and thanked him profusely, then returned home, accompanied by his 12-year-old grandson.

That is how Dr. Strada began exercising the three principles that would become the pillars of EMERGENCY.

3. On the frontlines of the world's tragedies

In the violent battlefields of Erbil, Iraq, there was a time when Dr. Strada seriously considered withdrawing his medical campaign. He still remembers that day vividly.

It was during the summer and fall of 1995. Saddam Hussein's troops had taken over Erbil, a self-governing district of Iraq, under the pretext of "transferal of ownership" from the Kurdish Democratic Party (KDP). What followed was mass banishment of civilians branded as "political opponents" to Saddam from the Kurdish capital. More than 30,000 civilians were forced to leave the city. Military tension grew between Saddam Hussein and the Kurds. Rumors that the KDP-backed Iraqi forces were preparing an invasion to retake Erbil from Saddam were circulating. Then, it happened — Erbil was attacked. Nobody knew what was going on behind the scenes; chaos and confusion reigned supreme.

Dr. Strada instructed his medical teams to take safety measures in case the Iraqi army got anywhere near Sulaymaniyah, where they were stationed. He told the teams to take only items that were essential so that they'd be ready in case they needed to evacuate; they were not allowed to go anywhere except the hospital or their homes; every morning they had to make sure their cars were full on gas; they had to prepare water, bullet proof vests, an emergency medical kit, etc. Dr. Strada also made other plans for emergency situations, including escape plans for each location.

Dr. Strada had worked diligently on EMERGENCY's hospital for more than a year. He built the hospital, after demolishing an old nursing school. Despite financial challenges, he started constructing the hospital from scratch, and endured many sleepless nights. It was a hospital that was built with heart and soul, with joint efforts with EMERGENCY's headquarters in Milan for financial support.

This was the only high-quality hospital in Kurdistan at the time. It was his pride, and also EMERGENCY's pride. Even more than that, it was the pride of the many unfortunate people who needed treatment, but could not afford it elsewhere. To them, it was the best hospital in the world. So, many were unfavorable to the idea of withdrawing from the hospital, despite the crisis. Every day, people flocked to the hospital trying to escape the fighting that had moved south of Erbil.

It was not an easy decision, but Dr. Strada finally set his resolution, "No matter the situation, EMERGENCY stays in Sulaymaniyah."

Since its establishment in 1994, EMERGENCY has been providing humanitarian medical assistance at the forefront of global conflicts — the

"Many staff members lost their lives serving those in need, but the singular belief that human beings can and must coexist peacefully drives the others to muscle on."

darkest places on earth: Kigali, Rwanda; Sulaymaniyah and Erbil, Iraq; Battambang, Cambodia; Anaba and Kabul, Afghanistan; Asmara, Eritrea; etc. EMERGENCY staff has saved more than eight million people in 16 countries since it began. Many staff members lost their lives serving those in need, but the singular belief that human beings can and must coexist peacefully drives the others to muscle on. All human beings are equal — that is their motivation.

EMERGENCY'S humanitarian programs

Ongoing programs:

Afghanistan

- Medical and Surgical Centre, Anabah
- Maternity Centre, Anabah
- Surgical Centre for War Victims, Kabul
- Surgical Centre for War Victims, Lashkar-gah
- 43 First Aid Posts and Healthcare Centres

Iraq

- Rehabilitation and Social Reintegration Centre, Sulaymaniyah
- Vocational training courses
- 350 co-operatives for disabled persons
- 6 Healthcare Centres for War Refugees
- War surgery programme, Erbil

Italy

- Clinic for migrants and people in need, Palermo
- Clinic for migrants and people in need, Marghera (VE)
- Clinic for migrants and people in need, Polistena (RC)
- Clinic for migrants and people in need, Castel Volturno (CE)

- Clinic for migrants and people in need, Ponticelli (NA)
- Clinic for migrants and people in need, Sassari
- Social-healthcare Orientation Centre, Brescia
- 3 Mobile clinics
- Medical assistance to migrants in Sicily
- Information and prevention activities for sex workers in Caserta

Central African Republic
- Paediatric Centre, Bangui
- Surgical and paediatric intervention at the Complexe Pédiatrique, Bangui
- Organizational and support activities for National Blood Bank (CNTS), Bangui

The Republic of Sierra Leone
- Surgical Centre, Goderich
- Paediatric Centre, Goderich
- First Aid Posts, Lokomasama and Waterloo

Sudan
- Paediatric Centre, IDP Camp in Mayo, Khartoum
- Salam Centre for cardiac surgery, Khartoum
- Paediatric Centre, Port Sudan, Red Sea State

Uganda
- Centre for Paediatric Surgery, Entebbe (under construction)

4. The best center for cardiac surgery in Africa

EMERGENCY began its humanitarian medical relief activities by providing treatment to victims in Rwanda, where one of the most horrible wars took place in the African continent. Thereafter, EMERGENCY expanded its relief work to Iraq and Cambodia, and then to Afghanistan and Sierra Leone, areas plagued with landmines. However, as the nature of war changed, the need for emergency treatment for patients also changed. When the number of war victims subsided, EMERGENCY included trauma surgery, emergency surgery, eye surgery, and reconstructive plastic surgery to their programs.

Since 2000, EMERGENCY has mainly focused on Africa, where medical service conditions are the worst in the world. This change came about in order to protect people's rights to be cured, regardless of race, gender, etc.

In 2007, Dr. Strada built a world-class cardiac medical center in the heart of the Sahara desert, called the Salam Centre for Cardiac Surgery. It is the only specialized hospital with the most high-tech medical equipment in Africa, which provides cardiac surgeries and treatment to patients who suffer from cardiovascular diseases, whether congenial or acquired after birth, for free. Cardiac surgeries are given every day a number of times. Follow-up check-ups are also given to patients who are in recovery.

The Salam Centre for Cardiac Surgery is now the main hospital for heart surgery in Africa. It prides itself as the pinnacle of innovative humanitarian work promoting EMERGENCY's core belief that healthcare is a human right. Its objective is to provide any patient with high-quality health programs free-of-charge.

Before patients are sent to the Salam Centre, they are examined by internationally certified cardiac surgeons who determine their level of severity. Depending on their condition, those patients are then transported to Sudan. The Salam Centre for Cardiac Surgery provides thousands of patients from 28 African nations with high quality medical services, regardless of age and health condition. It is the only facility that provides free medical services in the capital city Khartoum, Sudan, which has a population of more than six million. This center treats people not only from Sudan, but also from other neighboring countries.

"Do you really need a cardiac surgery center in Africa?" is the question Dr. Strada is asked commonly. People often think that Africans suffer more from diseases such as AIDS, yellow fever or malaria, while disregarding the scope of cardiac issues.

In Africa, marriage between direct family members is common. This increases the danger of infected mothers giving birth to a child carrying a

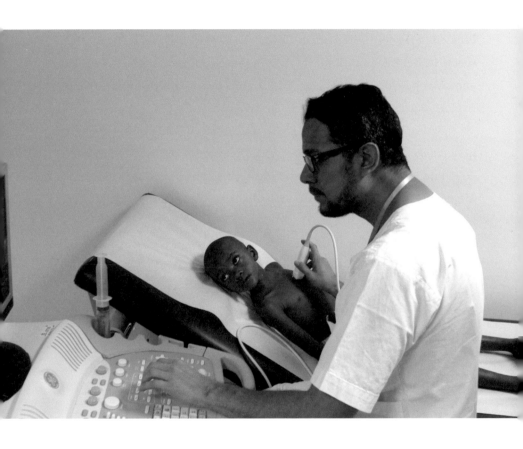

"Dr. Strada built a world-class cardiac medical center in the heart of the Sahara desert, called the Salam Centre for Cardiac Surgery. It is the only specialized hospital with the most high-tech medical equipment in Africa, which provides cardiac surgeries and treatment for free."

congenital malformation. This congenital cardiac disease blocks people from growing, and disables them from living a normal life due to irregular blood circulation. It even changes the shape of their hearts.

Since this medical center specializes in cardiac-related diseases, it cannot deal with other types of diseases in Africa. To establish and maintain this specialized cardiac surgery center requires tremendous financial resources and many outside investors. Establishing and maintaining this facility was a tremendous risk and challenge to Dr. Strada.

However, unlike the prevailing view that people in Africa do not urgently need cardiac surgeries, the World Health Organization (WHO) report since 2005 said that among non-infectious diseases, the highest death rate for infants in Asia and Africa is due to cardiac diseases, and then followed by AIDS.

50 percent of people that have rheumatic fever can later develop cardiac muscle inflammation, which makes them vulnerable to heart attacks. The WHO reported that the greatest cause of death in Africa is caused by rheumatic disease, and it predicted that the highest death rate in Africa during the next few years would be cardiovascular disease. The WHO estimates that there are 20 million patients who are currently suffering from rheumatic diseases, five million of them are estimated to need cardiac surgery. Annually, 300,000 people die of this disease. Two-thirds of the deceased are children under 13. This shows that in Africa there is a serious problem in dealing with this disease when it is first diagnosed and treated.

Cardiac disease in sub-Sahara Africa is very serious. Rheumatic disease is often discovered among children between ages 5 and 15. This is the main cause for cardiovascular disease, yet there are hardly any facilities that can treat it.

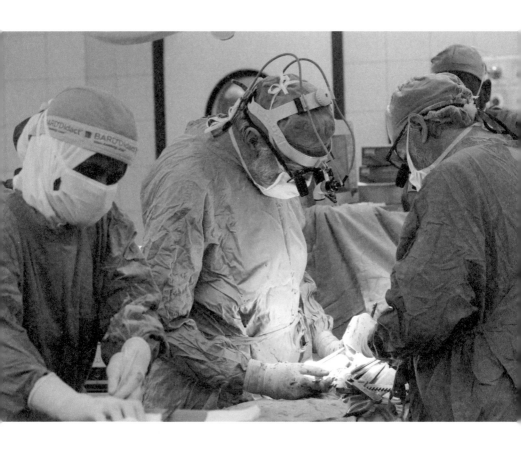

"Until now, the Salam Centre for Cardiac Surgery has performed more than 5,000 surgeries to patients from 24 nations in Africa, and has examined more than 42,000 patients."

Cardiovascular inflammation, widespread in industrial nations, is curable, but rheumatic disease is only seen in about one person per 100,000. On the other hand, in Sudan, people with rheumatism are one in 1,000. According to a WHO report, 60 percent of patients with cardiovascular diseases are affected by rheumatic fever. The death toll in Africa from this disease is currently estimated to be approximately 30,000 per year, and during the next 5 to 20 years, it is predicted that approximately one million people will need cardiac surgery. This calls for serious attention to the matter.

Until now, the Salam Centre for Cardiac Surgery has performed more than 5,000 surgeries to patients from 24 nations in Africa, and has examined more than 42,000 patients. The surgical results are outstanding!

According to the British Medical Journal, surgery success rate at the Salam Centre for Cardiac Surgeries is the world's highest. According to the Association for Thoracic Surgery, the mortality rate from unsuccessful surgeries to replace a metal valve performed in America and Canada during the past 12 years is 6 percent, but the death rate from the same surgery at the Salam Centre for Cardiac Surgery is 1.2 percent.

What is the secret for this amazing result, which took place at a hospital located in the middle of a desert in Africa? Some argue that it is because its patients are children who, in general, are young and healthy. However, that statement isn't true, especially for Africa where many children suffer from disease and malnutrition. If the death rate for patients at the Salam Centre for Cardiac Surgery is lower by four to five times than for those in America and Canada, there must be good reason for it.

The first reason for this remarkable result is because of the Centre's strict standards for hygiene. Secondly, the medical team does not treat their patients as customers; instead their treatment is based on the conviction that everyone has an equal right to healthcare. Thirdly, rather than being a medical center that performs cardiac valve surgery once a year, it is a medical center that gives 1,000 valve operations per year and is therefore much more experienced and knowledgeable about those types of surgeries than the other medical centers.

The only thing that Dr. Strada thinks of, from beginning to end, is his patients. Recently, for the convenience of his patients, Dr. Strada signed the Memorandum of Understanding with the governments of Eritrea and the Central African Republic. The agreement provides free transportation to people to the Salam Heart Surgery Center in Sudan. Since many patients are children, accompanying parents are also provided living arrangements at guest houses.

"If we want to build a good hospital, what should be the standard?" said Dr. Strada, "The standard should be patient satisfaction and reassurance."

5. Building special medical facilities across Africa

"Imagine what it would be like if vaccines were scarce and diseases where everywhere. Welcome to Africa."

The Salam Centre for Cardiac Surgery is not merely a countryside infirmary with some band aids and aspirins. It is a world-class, free-of-charge, innovative medical facility for cardiac surgery for all of its patients that come from all parts of Africa. And just like the Salam Centre, EMERGENCY is pursuing an ambitious project to build a medical center in each African nation. Each center will provide patients with free medical services in various fields, including cancer surgery and OB/GYN.

Dr. Strada is critical of how little the world has made progress on keeping the promises of the Universal Declaration of Human Rights, implemented by the United Nations in 1948 — 70 years ago.

Dr. Strada asserts that "The Universal Declaration of Human Rights emphasizes the need for humanity to coexist in harmony and mutual prosperity. It states that 'All human beings were born free, with dignity and equal rights.' The recognition that human rights are inalienable is the foundation for the world of freedom, justice and peace.

"However, at the present time, 70 years after this Declaration was proclaimed, it all sounds hollow to me. To this day, no nation that signed the Declaration is committed to actualizing universal human rights for all people to live with dignity, to be provided with a job for their family, and to receive education and health benefits. In short, there is no social justice. Even though a new millennium has begun, these rights for all humankind do not exist. If they do, they only exist for a privileged minority."

Dr. Strada is keen on his belief that nations must step up to promote human rights in Africa, where many people do not even know the concept of basic human right, let alone that they have the right to medical care. But thanks to Dr. Strada's painstaking efforts, governments of 11 nations (the Central African Republic, Chad, the Democratic Republic of Congo, Djibouti, Egypt, Eritrea, Ethiopia, Somalia, Sudan, South Sudan and Uganda) have recognized that their own people should have the right to healthcare, and signed EMERGENCY's Manifesto for a Human Rights-based Medicine in 2008, which states that governments should make efforts to provide people with free-of-charge medical services.

"If governments don't guarantee healthcare to its people, then what is the point of government at all?" says Dr. Strada, "Governments are created to protect life and freedom. Without healthcare, there is no life to protect.

"This Manifesto is a proclamation supported by 11 nations. It recognizes that people have the right to be cured, and that these nations will endeavor to provide their own people with healthcare based on the principles of equality and social responsibility. What is most important in the Manifesto is that the governments openly proclaimed that they will provide its people with free medical services, and provide the appropriate financial and human resources to make this task feasible."

This Manifesto is a resemblance of EMERGENCY's founding principle and the extensive experiences it demonstrated with the Salam Centre for Cardiac Surgery, the first center of excellence in the network.

Dr. Strada decided to establish medical networks across Africa, with the vision that the right to be cured must be its core value. Based on his works with the Salam Centre for Cardiac Surgery in 2007, 11 African countries came together and participated in the African Network of Medical Excellence (ANME) in 2010, a project to build top-quality medical centers to foster medical care systems in Africa. Each center would provide people with free medical treatment in different specialties (incl. cancer and OB/GYN).

Currently, the Paediatric Hospital in Uganda, the second center in the ANME network, is under construction as of the publishing of this book. A ground breaking ceremony was held in February 2017, and the center is scheduled to open in December 2018. The medical paediatric center in Uganda will be an excellent facility for all types of surgeries other than paediatric surgery.

Of course, that medical center will give surgeries and treatments totally free, and patients from all across Africa will be welcome. The Ugandan government will pay 20 percent of the total cost of the program, and anyone who comes to that facility from across the border will be given a free visa.

This hospital was designed by the world renowned architect Renzo Piano, who is also a close friend of EMERGENCY. He is also one of the designers of the Centre Pompidou cultural project, located in Paris, along with Richard Roger, a famous designer of high tech buildings.

ANME: African Network of Medical Excellence

Order	Hospital	Nation	Status
1	Salam Center for Cardiac Surgery	Sudan	Established in 2007
2	Pediatric Hospital	Uganda	Under construction
3	External injuries and Rehabilitation Center	Chad	TBA
4	Pediatric Hospital	The People's Republic of Congo	TBA
5	OB/GYN	Rwanda	TBA
6	OB/GYN	Central African Republic	TBA
7	OB/GYN	Sierra Lion	TBA
8	OB/GYN	South Sudan	TBA
9	Plastic Surgery Hospital	Eritrea	TBA
10	Infectious and Tropical Disease Hospital	Egypt	TBA
11	Tumor Hospital	Ethiopia	TBA
12	Rehab. and Plastic Surgery Hospital	Djibouti	TBA

"Based on his works with the Salam Centre for Cardiac Surgery in 2007, 11 African countries came together and participated in the African Network of Medical Excellence (ANME) in 2010, a project to build top-quality medical centers to foster medical care systems in Africa."

(Source: Emergency)

(Source: Emergency)

(above) Dr. Gino Strada and world-renowned architect Renzo Piano attending the groundbreaking ceremony of the Paediatric Center in Uganda

(below) Overhead design of the Paediatric Center in Uganda

6. EMERGENCY to save children's lives

Pregnant women and newly born infants in Africa are exposed to horrible unsanitary conditions. Most pregnant women do family chores until they feel the labor pains. Since they are exposed to filthy equipment and water when they work, infant mortality is very high.

In 2010, the death toll for women was 298,000, 99 percent of whom died in developing nations. There are many reasons for this. When women in those countries contract a disease during pregnancy, most of them find it difficult to get medical treatment. Some don't even know that they have have contracted the disease until it is too late, while other are aware but don't have the money to get treated. Internationally, complications from pregnancy and child labor for women ages 15-49 is the second highest cause of death for women.

Frequent pregnancy often causes women to suffer complications such as a deformed fetus, placenta previa and hemorrhaging. Because of the social and cultural environment, in which even finding a midwife is difficult, pregnant women often deliver their babies at home. According to a recent health survey conducted in Afghanistan, 50 percent of pregnant women gave birth at home instead of a medical facility; and not because they wanted to, but because they had no other choice. Medical facilities were often located far from where they lived.

EMERGENCY opened a maternity center in 2003, in Anabah, Afghanistan, in order to protect children's lives, as well as those of their mothers. It provides complete and excellent medical services, including delivery and care for newly born infants. In joint efforts with neighboring urgent care facilities, transportation services for patients to get to medical facilities are provided. These two services — free transportation and free medical treatment — are the cornerstones for Dr. Strada's health care facilities in developing countries. As a result, now more than 50 percent of women are given the opportunity to deliver their babies safely.

Presently, the OB/GYN doctors and maternity wives of the Anabah Maternity Center are assisting more than 10 patients a day. This center provides prenatal care, treatment for female disorders, obstetrics, service for infants and more to all women in the Panjshir Valley, Kapisa and Parwan. Once a month, EMERGENCY staff members visit a local medical center to examine pregnant women to make sure they are doing well. If necessary, they transport those women to the maternity center for further examination or hospitalization. The babies who are born from the maternity center are released within a matter of a few hours. Babies that are prematurely born, or twins, jaundice, septicemia, etc. are incubated. Furthermore, infants that have breathing difficulties are treated in intensive care units that are equipped with a new machine called the Continuous Positive Airway Pressure (CPAP) to help them breathe.

EMERGENCY also opened Children's Hospital in 2003, which later branched out to different nations. Child patients come to the hospital via the out-patient department or sent by a medical facility run by EMERGENCY. A medical network was established on the foundation of many years of hard work. When a patient's condition is not critical, he or she is given treatment on the spot. If their condition is critical, the patient is transported to the main medical center with a larger facility. The conditions that children are most susceptible to are gastroenteritis, dehydration, pneumonia, asthma, malaria, meningitis, and septicemia.

20 years ago, in Khartoum, the Mayo Refugee Camp was built for war refugees. Over the years, more refugees from Darfur went to that camp. Now, about 400,000 people are struggling to survive with the minimalistic resources at their disposal. The only medical facility available is the Children's Hospital branch that was opened by EMERGENCY in 2005, located in Angola. Every day, approximately 100 mothers and children come to the hospital. The hospital personnel separate those patients to determine which examinations to give. Those who are in critical condition are hospitalized at building 6. At times, some patients are transported by ambulance to the other public hospitals. In order to maximize the help given to children, doctors, nurses, and health supporters work in different areas and plan for different activities: giving educational programs for health care, performing malnutrition tests, monitoring pregnant women, giving inoculations, etc. The center runs procreative management programs,

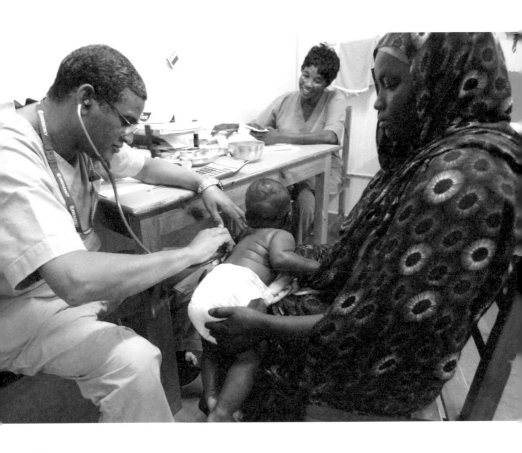

"20 years ago, in Khartoum, the Mayo Refugee Camp was built for war refugees... Every day, approximately 100 mothers and children come to the hospital. [The hospital] gives educational programs for health care, performs malnutrition tests, monitors pregnant women, gives inoculations, etc."

and the local health department personnel give vaccinations. EMERGENCY worked until 2014 in order to promote a program that would get local communities to participate in OB/GYN and pediatric medical services at the Mayo Refugee Camp. This was to strengthen and expand medical services at the camp, in cooperation with the health department of Khartoum, based on joint funds from the European Union.

EMERGENCY staff trained 47 local residents to become volunteer guards to find sick children in the community. 50,065 children were treated at the children's hospital, 20,590 received vaccinations at the clinics, and 11,745 were examined for malnutrition.

In 2009, a Children's Hospital was opened in Bangi, Central African Republic (CAR). In CAR, one of the poorest nations in Africa, 129 children out of 1,000 die from diseases that are easily curable in developed countries. During the past recent years, CAR's situation drastically worsened; soon after war broke out in December 2012, thousands of people died, and one out of five of its citizens became homeless, totaling 1 million people! Even after the 2013 coup, the worst point in time of the war, EMERGENCY kept Children's Hospital open. It was because the people at EMERGENCY knew that the more severe the war became, more medical treatment would be needed. EMERGENCY fortified its activities as its staff visited people at the major war camps that were newly built in the vicinity of the capital city. Bangi was relatively quiet and stable compared to other cities in the nation, but riots and fighting among armed citizens and other general crimes were still common. Knowing its situation was so unstable, no one could relax. Despite the situation, more than 100 people came to the hospital every day. The out-patient clinic and its patient rooms were always crowded. A tent was set up on the slope of the front garden as an additional ward.

Diseases such as malaria and typhoid are preventable diseases. However, due to severe living conditions, including food shortages, people, especially children, are more prone to getting sick. As such, those otherwise preventable diseases turned deadly. Also, due to safety issues outside homes, it became more difficult for pregnant women to visit a hospital. So EMERGENCY worked with community-run small medical clinics. Their staff helped transport patients who needed emergency care to the hospitals.

When EMERGENCY opened the Port Sudan Pediatrics Centre, the situation was similar. This center was open in 2011 in an extremely poor area where there was no medical facility at all, despite having a population of 800,000. EMERGENCY gave vaccinations at the Port Sudan Centre, in cooperation with the community health department.

In 2014, EMERGENCY opened a new out-patient medical center. EMERGENCY's medical facilities are famous for their beautiful architectural designs, for which EMERGENCY received various awards and other recognitions. The Port Sudan Pediatrics Medical Centre, which was built by Studio Tamassociati, an Italian team of architects, received the Giancarlo Ius Gold Medal award. This prestigious award is given to innovative projects with architectural design is based on using renewable energy.

Dr. Strada constantly thinks, "How can we minimize exposing children to malaria, and other kinds of vulnerable diseases? How can we help children eat healthily?"

Every week, doctors and nurses would go out to different gatherings in the community and educate the people about medical service and other related programs and prevention methods for children and families through vaccinations. Different programs for medical advice and treatment are provided under the joint sponsorship of the Foreign and Commercial

Ministry Department of the Italian government and international cooperation teams. Dr. Strada is not content to just be a spectator; he has to do something to save the lives of children — the children that otherwise couldn't get the chance to grow because of their ailments.

.

7. Beyond surgery: the path to rehabilitation and self-reliance

EMERGENCY realized that even after patients are released from hospital, they still need to be treated on a regular basis. Those that were disabled due to having their limbs amputated had difficulties to manage and sustain their lives alone after being released.

So, in order to help those people reintegrate into society, EMERGENCY opened a rehabilitation center in 1998. There, patients receive physical therapy and even get prosthetic limbs. They even participate in vocational training in the fields of steel construction, carpentry, trailering, leathercraft, shoemaking, etc. At the end of their training, they are provided with financial support to start their own businesses.

War does more than just kill and maim: it devastates social structures, creates poverty, destroys education, infringes on healthcare rights... it takes away the essential resources that upholds society and leaves it in desolations for years to come. This is why Dr. Strada continues to focus on the rehabilitation and self-reliance of war victims even after wars are over. He is naturally inclined to help war victims rehabilitate. Such was the case with an 11-year-old boy in Iraq, named Assad. He came to EMERGENCY's hospital one day, leaning forward uncomfortably on his small crutches. Dr. Strada gave him a new set of crutches that fit him. He also fit rubber caps on the bottom of each so they wouldn't slip. Assad was very happy now that he could move faster and more comfortably. Seeing the joy in Assad's face was enough to give Dr. Strada hope that that boy would become a great man.

That night, his surgery team discussed the possibility of establishing an orthopedic center and a rehabilitation center. A team member suggested that local people be taught how to make prosthetic legs. This was actually very much needed for those who had been disabled but still want to be active contributors to their communities.

EMERGENCY opened its first rehabilitation center in February 1998, in Sulaymaniyah. It helps war victims, who cannot take care of themselves, with physical therapy, and provides them with prosthetic body parts and training programs, in this way preparing them for their reintegration into society.

After the success of the rehabilitation center in Sulaymaniyah, EMERGENCY built three more centers in Diana, Dohuk and Medea. Those three centers are run by the health departments of Iraq and Algeria, and only the center in Sulaymaniyah is under the direct management of EMERGENCY.

Financial self-reliance is the most basic condition to return to society. All hospitals or medical facilities operated by EMERGENY are directed to give priority to those who have the greatest difficulty in finding jobs, such as widows and disabled people. More than half of the employees at the Sulaymaniyah Center are former patients, as a result. EMERGENCY opened the door to self-sufficiency for its patients and has become their greatest sponsor for their endeavors.

8. Restoring people's lives

"What on earth went wrong?" desperately asked a Somalian refugee.

It was a man whom Dr. Strada had met in Sicily. He was referring to the horrible conditions that the Afghan refugees were subjected to. He witnessed hypocrisy in Europe with its ways of dealing with human rights: it strongly advocated the principles of human rights for peace and democracy on the outside, but refused to give refugees the fundamental help they needed. They segregated those refugees, who had fled war and poverty, with cultural walls and political barriers.

Afghanistan is a prime example of this. Over the past 15 years, each year, EMERGENCY's hospitals in different regions were visited by an increasing number of victims; one-third of them were children. Afghanistan is the second biggest refugee nation in the world, among whom three million are scattered across Pakistan and Iran. Sadly, this tragedy has been long ignored by European nations, and it was only when Afghan refugees started migrating to Europe that it finally started to pay attention. But rather than dealing with the fundamental causes of the conflicts, and welcoming refugees and investing in their integration, European nations have been legally expelling them out.

EMERGENCY has called upon the international society to pay attention to those refugees and take the necessary measures to help them. In order for refugees to escape from the whirlpool of war and violence, war and violence themselves must be abolished. After all the abolishment of wars was the core responsibility of the UN since its inauguration. Now, 70 years later, it has nothing to show for it.

The Mediterranean Sea is now a sea of death. Thousands of refugees from Northern Africa flee across it in hopes for a better life. Ban Ki-moon, Former Secretary-General of the UN, stated that the Mediterranean Sea is "the threshold of death of refugees and immigrants." The number of people who are leaving North Africa and crossing the Mediterranean is growing at an explosive rate annually. According to the New York Times, the number of people who died while crossing the Mediterranean has increased 18-fold since 2014.

During the 2017 Sunhak Peace Prize Award Ceremony, too, Dr. Strada appealed to the world to take action to solve the refugee crisis: "In 2016, throughout the world, 60 million people left their homes against their will. We are not listening to their hopes. In order to restore the shattered lives of the refugees, we need to practice brotherhood and solidarity among all nations. We all must be serious to join this kind of effort."

Currently, EMERGENCY is building a mobile clinic for immigrants and refugees within Italy. In provision 32 of the Italian Constitution, it states, "The Republic of Italy protects the health of all individuals for the benefit of communities and guarantees medical treatment to the poor." However, despite this principle that is clearly indicated in its constitution, more and more people find it difficult to receive medical services due to extreme poverty.

Language and a lack of legal permits for residency in Italy are the most serious barriers for foreigners. On top of that, Italy's financial crisis and cuts in public spending is threatening the basic rights of Italians.

When, in 2006, EMERGENCY opened a clinic for outpatients in Palermo, located in southern Italy, it did not anticipate that the clinic would increase to the size that it is today. EMERGENCY ended up opening other clinics in Italy: in Marghera, Venice, Polistena and Reggio Calabria. In order to accommodate its growing needs, EMERGENCY dispatched mobile clinics for workers stationed in rural areas; they also provided medical services to people made homeless by the earthquake in Emilia Romagna. They even opened medical information booths to give guidance to people with medical needs across Italy. EMERGENCY gives sick people a chance to receive medical treatment and apply for public services. They include giving health management programs for immigrants who arrive at Syracuse Island.

In order to provide medical services to immigrants and the poor who were denied them otherwise, EMERGENCY extensively expanded its activities in Italy. In September 2015, it opened a fifth clinic for outpatients that, in addition, supports vulnerable social groups through its nationwide support networks.

In 2015, mobile clinics gave medical services to immigrants who came from North Africa. It also supported them by providing mediation services to deal with the cultural differences, as well as health management services for a small number of orphaned immigrants.

Immigrants who arrived in Syracuse Island increased threefold to 170,000 as of 2014. Many of them were adolescents who came unaccompanied by adults. EMERGENCY's employees regard those people as the most vulnerable of refugees, and assist them in applying for help in registration centers in Priolo, Augusta and Caltagirone.

Nurses from mobile clinics always inform patients of their rights, and assist them to receive medical services. In the case of language barriers, its members would accompany the patients and help them go through the process of getting needed services. Poor and powerless immigrants need not only medical services, but they also need consistent care so that they can continue with their lives. Dr. Strada states that world peace can finally be realized when throughout the world no one is left living alone.

"No one is paying attention to refugees, but Europe needs to show its caring heart to those that are coming into Europe. Only when we help solve the unstable conditions of those refugees, can the entire world be peaceful."

"No one is paying attention to refugees, but Europe needs to show its caring heart to those that are coming into Europe. Only when we help solve the unstable conditions of those refugees, can the entire world be peaceful."

9. The ultimate goal: the day when the world does not need EMERGENCY

The 20th anniversary of EMERGENCY was celebrated in Rome on September 13, 2014. Dr. Strada's speech started with an introduction of EMERGENCY.

"This organization was inaugurated in 1994 to provide medical services to victims of war, anti-personnel mines and poverty, with surgeries and high-quality healthcare that range from treating simple sicknesses to deadly diseases like the Ebola virus, regardless of a victim's political, ideological or religious background. Medical services are totally free-of-charge. The organization is operated autonomously based on the guidelines and standards in two categories: medical and non-medical purposes. EMERGENCY is run with the help from thousands of volunteers – doctors and nurses who are working under emergency situations for the sake of war victims."

During EMERGENCY's founding days, Dr. Strada performed the surgeries while his wife managed the organization from Italy. After his wife's passing, his daughter, Cecilia Strada, became CEO. This is the organization that Dr. Strada's entire family put their hearts into building. Nevertheless, Dr. Strada declares without any hesitation that his ultimate goal is to see the day when he can finally close EMERGENCY. The organization's mission is not just to treat the refugees, but to end wars altogether.

Every year, countless innocent people around the world die from armed conflicts. Women and children, who don't point a gun at anyone, are the ones who are victimized the most. The number of those who are injured and who have lost body parts will not stop growing if nothing is done about the current world affairs. Therefore, EMERGENCY is engaged in relief work even today in concerted efforts with doctors, nurses and technicians who work at EMERGENCY medical sites in many warzones.

95 percent of EMERGENCY's staff members are local residents, and 5 percent are foreign practitioners. The international team members are always working hard to educate and train local employees in the nations where they operate, where there are no professionals. They train the locals to become skilled medical workers so that they can provide healthcare to their communities after the international teams leave.

EMERGENCY is always looking for more volunteers. However, it is not always easy to find people that can work on a long term basis, because in many of the nations where the teams work, war remains a factor. Their work requires that they put their lives on the line, and the minimum term for their duty is rather short — three to six months on average. Despite that, more people are joining EMERGENCY day by day.

In Italy, approximately 160 local organizations are affiliated with EMERGENCY. Each local group strives to elevate the awareness of peace and cooperation with the public. With the objective of sharing information, they take the initiative of organizing people to join through conferences held at each local city. The organizations holds annual public meetings to inform the volunteers of the organization's activities, exhibitions for fund raising, concerts, shows, conferences, debates, etc. Some of these meetings are freely open to the public.

This all will come to a close, or so hopes Dr. Strada, as he tires endlessly to put a stop to violence. He explains that his ultimate goal is "to see the day when we do not need EMERGENCY. It is the day when people no longer need our services and we can close our organization for good. I know that it is a dream, but it is my ultimate dream."

"EMERGENCY is engaged in relief work even today in
concerted efforts with doctors, nurses and technicians who
work at EMERGENCY medical sites in many warzones."

Changing Perspectives is the Beginning of Peace

1. Treatment without discrimination

As of December 28, 2014, the work of NATO in Afghanistan was over. During the war that lasted for 13 years, more than 130,000 foreign soldiers were dispatched and 4.2 billion dollars was invested for the Afghanistan army, but the situation turned out to be worse for the civilian population.

Six months before the UN became involved with the war in Afghanistan, EMERGENCY team members arrived in Kabul, the capital city of Afghanistan, in order to establish a surgical center for the victims of the fierce struggle between the Taliban and the Mujahedeen. Within a few months, EMERGENCY transformed a nursery into a professional hospital. Afterwards, for several years, it expanded to include intensive care units equipped with monitors, artificial respirators, CT scan machine, etc.

When NATO declared that it was impossible to negotiate with the Taliban, Dr. Strada negotiated with them in order to operate a hospital at the frontline of the war. He considers himself to be a surgeon first and foremost, but he is willing to negotiate with some of the most dangerous people on earth to save vulnerable human lives.

When the ICRC declared that war in Afghanistan was over, it pulled 95 percent of its employees out of the country. NATO troops that left did not build even one civilian hospital. But EMERGENCY built four hospitals and 34 clinics, all of which are still operational. Since Dr. Strada never thought that the war was over, he could not withdraw his people from the Afghan medical facilities.

He said, "War is not over. On the contrary, it is getting closer to Kabul. After the withdrawal of NATO troops, casualties have increased by 40 percent. This is undeniably a crime! NATO troops have their own medical backup system, but none of them remained in Afghanistan. What is more, the Afghanistan government must keep a record of the expenses for medical services that are provided by international relief organizations, which the Afghan people themselves must pay for eventually. This means that only a small number of people will get treatment, and the remaining people will not get any. Anyone who's sick or injured is very likely bound to die."

For three years, it cost three million euros for EMERGENCY to open and operate one hospital in Afghanistan. That is almost the same amount paid to keep three Western soldiers for one year. Dr. Strada reproaches any act of war, saying that it violates human livelihoods: "War is not a way for human beings to go; it is dirty and cruel. Anyone who speaks in favor humanitarian war is psychotic. It's total nonsense! Whatever justification people may come up with, the constant of war is that 90 percent of victims are innocent civilians."

During the past several years, fighting nearby Kabul has become a part of daily life. In 2014, in order to accommodate patients who needed treatment and help in their livelihoods, EMERGENCY expanded its medical facility by constructing a new intensive care unit, a semi intensive care unit and more surgery rooms.

Kabul Hospital was officially recognized by the health department of the Afghan government for its emergency surgery and traumatology training center. In 2014, a medical seminar was held for 45 Afghan nurses to train them on how to treat patients, conducted seminars at 32 government-selected locations, and presented traumatology seminars to 131 surgeons.

Helmand province, situated in the southwest part of Afghanistan, became the most dangerous place in Afghanistan — ten years after the war broke out. Suicide bombings, air strikes and anti-personnel landmines resulted in innocent civilian victims by the thousands. Amid the combat, EMERGENCY opened a hospital for war victims in Lashkargah, where before there were no free-of-charge hospitals. In the beginning, the only patients that were accepted for treatment were those who needed surgeries from war injuries and those who were under the age of 14 that required surgery for non-war-related injuries. However, as the number of patients increased, from June 2013, the policy changed to accept only patients who suffered from war-related injuries.

In 2014, the situation became worse. The number of war victims increased by more than 13 percent. In order to deal with the increase, the pharmacy was transformed into an orthopedic ward. Then, amid worsening national security, in order to give urgent care to patients, and to transport them safely to the hospital, five urgent care clinics were opened nearby the central

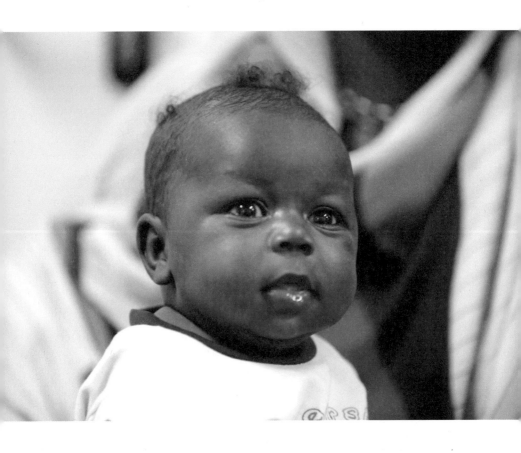

"After performing surgery, whenever I see a patient who opened their eyes, I feel overwhelmed. There is nothing more beautiful to see than a heart beating again."

hospital.

EMERGENCY has also been providing physical check-ups to inmates who had been incarcerated in Kabul since 2003. At Poli Charkhi, the largest prison in Afghanistan, five medical centers were established on the five blocks, and treated inmates who complained about having infections, respiratory diseases, indigestion, etc. that were caused mainly by the horrible living conditions in prison cells. EMERGENCY staff also treated people who were at the government's camps, investigation bureau, women's prisons and the health center for youth rehabilitation.

In order to bring a stop wartime genocide, which has been going on for thousands of years, the entire world must make constant efforts to end all types of wars. Dr. Strada was interviewed by Edward Luttwak, a political scholar, who asked Dr. Strada why he stated that he would be willing to render medical care even to the Taliban who had attacked Dr. Strada's medical facility in Afghanistan, and pointed out that Dr. Strada had created a negative image for Italy, even though he was once nominated as a presidential candidate.

Dr. Strada's response was simple and clear: "Human rights are for all human beings. If they are applied to only a class of privileged people, then what's the point to talk about it at all? I am a surgeon. What should I do for a patient with heart failure or gunshot injuries? Would you ask questions such as, 'Whom are you going to vote for? What is your political standpoint? What is your religion? What is your ideology?' Would you? Human rights are for everyone. I have no enemies. My duty and responsibility are nothing but to indiscriminately give the best treatment that I can to the poor."

In order to stand up against world tragedies, even today, Dr. Strada is working in the operating room. Despite his advanced age, the conviction that he upholds is simple. Human rights are equal for all those who are alive. Human rights cannot be divided into different categories based on financial statuses. Whether or not they have money, they have the right to medical treatment.

Dr. Strada also stated, "After performing surgery, whenever I see a patient who opened their eyes, I feel overwhelmed. There is nothing more beautiful to see than a heart beating again."

Saving human lives is the first mission of a doctor. Whoever the patient is, whatever life the patient lived, those questions cannot be an issue to the doctor. If that's what defines a doctor, then Dr. Strada is the exemplar.

2. Medicine is not a business

"If healthcare becomes a business, and if the patient is only a customer, then medical science is already finished."

Dr. Strada's approach to medical practice is different from the conventional approach. He is focused on the most advanced high technology equipment and facility. In comparison to the UN health index, the situation in Africa is similar to Europe 200 years ago, i.e. medical science there is centuries behind Europe. Millions of people are dying in pain and suffering. What could change this trend?

Think back to Europe 100-200 years ago. Medical science was so undeveloped, many viewed medicine as sorcery. As time went by, human beings found science in medicine, and through it eventually established medical schools to advance the science further.

For humanitarian work, Dr. Strada did not start food distribution centers. Instead, he established urgent care facilities. At the time that he did, urgent care centers in Africa were generally unsanitary. The medical staff did not work hard, and patients stayed at home with their family members. There was no such thing as free medical services. People had to pay for everything.

Dr. Strada thought, "What if the quality of hospitals in Africa was the same as a children's hospital in Boston? If we took a totally different approach, we could do it. What if we built a medical facility with high-quality equipment, and top-level doctors to educate and train local people to be qualified as part of our medical team? Then we should be able to render the same level of medical service as in the advanced nations.

"Then, even a paediatric clinic could examine and treat patients who are suffering from rheumatism in its beginning stages. Then, patients would not need to die while waiting for treatment in a cardiac surgery center in a medical facility. If there existed a model that could be replicated to see great results even in impossible circumstances, a possibility for further improvements could take place."

Dr. Strada has greater interest in solving problems by providing people with more opportunities than giving verbal instructions. His efforts gave a birth to the Salam Centre for Cardiac Surgery, located twenty kilometers south of Sudan's capital city Khartoum. Hospitals established by EMERGENCY are making significant impacts on other medical facilities in Africa. Centers like the Salem Centre for Cardiac Surgery and the AMNE are awakening the consciousness of humankind.

Before EMERGENCY came to Sudan, people had to pay the hospitals to even see their relatives. But after the fact, all pediatric centers became free. Although progress is slow, their medical services are gradually improving. The hygiene levels at the hospitals are also improving. This is comparable to Europe's medical history: it took several hundreds of years to become what it is today, and it's still improving.

Throughout the world, medical service even today isn't free. Unfortunately, during the past 30 to 40 years, many people in the medical field came to think that working with medicine is nothing but a business. The same is with those who work in the pharmaceutical and medical equipment companies. To Dr. Strada, though, that is the wrong mindset. This phenomenon is not limited only to Africa. Even in Europe, we witness people becoming doctors as a means to make money. More and more people find it difficult to pay their medical bills. So, EMERGENCY took the opposite route.

When the clinic was opened, EMERGENCY discovered that 20-25 percent of Italian patients could not afford to pay their medical bills. Not only immigrants, but even Europeans could not afford to receive proper medical treatment. Giving the benefits of medical service to the public and raising necessary funds for it are the common problems throughout all European nations. The annual budget for health in Italy is 100 billion dollars; 30 percent of it goes into the investors' personal pockets (not to mention the shady negotiations between the private sector and government providers). Because of this, many Italians who need proper healthcare cannot get it.

However, EMERGENCY is different: it provides patients with the best medical experience without making a profit. The money it makes goes into paying its employees for their basic living costs and other operational expenses.

Cardiac surgery to replace a heart valves costs 3,000 euros, but it costs

20,000 euros if the same type of surgery is given at a general hospital in Italy. Where does all that money go? In comparison to the cost for treating diseases such as malaria, tuberculosis, liver infection, etc., the cost for giving cardiac surgery is much higher. What are we going to do about these expenses? It would make much more economic sense for us to treat people with vaccines and antibiotics.

However, in light of human right issues, the situation is totally different. Suppose that in Boston or Washington, D.C. there is a patient who was suffering from ulcers or gastritis; that condition should not be too difficult to treat. But imagine a patient with cancer that needs chemotherapy; that patient may not be able to afford the high prices for medical treatment. In America, people are allowed to protests against such policies, and, as you can see quite often on the news, they do. However, this is not the case in Africa. Dr. Strada, on the other hand, believes that human rights of Africans must be regarded through the same perspective. Africans should have the right to be given similar medical benefits as those that are given in advanced nations. That is why EMERGERNCY upholds that all Africans have a right to receive the same level of medical treatment free of charge.

To discuss its model, EMERGENCY invited representatives of health departments from several African nations to Venetian Lagoon, located in San Servolo Island, Venice, Italy, and held a workshop from May 14 to 15 in 2008 on the topic of Establishing a medical system in Africa.

During the workshop, representatives from the Central African Republic, the Democratic Republic of the Congo, Egypt, Eritrea, Rwanda, Sierra Leone, Sudan and Uganda shared in-depth discussions on how to provide free, high-quality medical services, to all African people. At the end of the workshop, the Manifesto for a Human Rights-based Medicine was created.

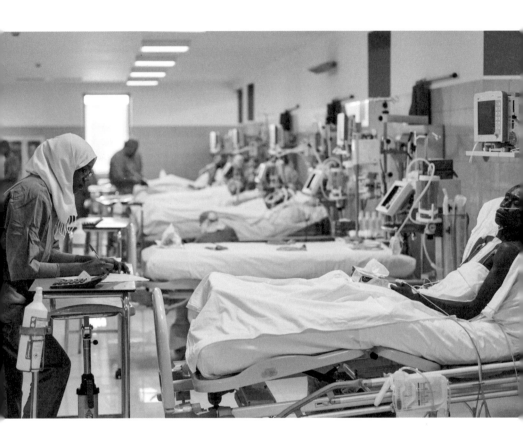

"Dr. Strada believes that human rights of Africans must
be regarded through the same perspective. Africans
should have the right to be given similar medical
benefits as those that are given in advanced nations."

The essence of the Manifesto was that the right to be cured was a basic need for all human beings; the right to medical service should be inalienable, based on the rights of equality, quality, and social responsibility. With those principles, in order to strengthen the medical system in African continent, 11 nations joined in inaugurating ANME, the African Network of Medical Excellence.

Medical services to save human lives must never be used as to make a profit. It must follow the principle that anyone on the planet Earth has an equal right to receive medical benefit.

EMERGENCY's Manifesto for a Human Rights-Based Medicine

Every member of the global family has a right uphold to his or her own dignity and equality that must be inalienable. This viewpoint is the basis of world's freedom, justice, equality, and peace. (Introduction)
All human beings were born with equal rights to freedom and dignity.
(Article 1)
All human beings have a right to have ... and to receive medical treatment.
(Article 25)

We proclaim:
The right to be cured is the fundamental and unalienable human right to all global community members.

Therefore, we support:
We shall be committed to actualizing the projects to protect, prolong

and improve the patient's life. The practice will be based on the following principles:

Equality:

All human beings have a right to be treated, regardless of their economic and social conditions, gender, ethnicity, language, religion, and opinion. Based on the development of medical science, the best quality medical service must be necessarily provided equally, without any discrimination.

Quality

High quality medical standard must be necessarily based on the desires of all people, and be necessarily adaptable to the development of medical science. This must not be guided, planned, or decided by any medical industry or lobbying group or business entity.

Social Responsibility:

Governments must first consider the health and wellbeing of people. To this end, they must allocate measures to provide human resources and funds necessary to meet these conditions. Medical service provided by the nation's medical system and humanitarian programs in the field of health department is free of charge, and must be available to anyone.

We recognize:

Medical systems and projects based on EQS (Equality, Quality, and Social Responsibility) are required to honor human rights, bring progress to medical science, improve health, and make a positive I mpact to reinforcing human resources, development science and increasing material.

We appeal:

That leaders from health department and humanitarian organization will sign this Manifesto and participate in increasing our medical services based on our EQS principles. We appeal to sponsors and international community that they will financially support us and will participate in planning and establishing our EQS based programs.

3. Opposing the production of
anti-personnel mines

"Italy must stop manufacturing anti-personnel mines!"

In 1995, a hospital at Choman was reopened. Choman was a village in a self-governed district near the border of Iraq, where landmines were planted everywhere. Most of them were made in Italy. The most common model was the Valmara 69, manufactured by Valsella in Brescia. When it exploded, it could kill a person within a 25-meter diameter and cause serious injuries within 200 meters.

Survivors of those mines would initially be treated in the Choman hospital, but later sent to the medical centers in Erbil or Sulaymaniyah that were established by EMERGENCY. These victims were not soldiers, but innocent civilians who went about their daily lives. It is estimated that there are still 100 million live, undetonated mines in 70 countries.

Nevertheless, just as in that small town in Iraq, doctors of EMERGENCY had to deal with one of the worst nightmares caused by anti-personnel mines.

Doctors from EMERGENCY began to speak out to people about what they saw with their own eyes on the operating tables. Dr. Strada also testified about the destruction cause by anti-personnel mines, by making an appearance on a well-known TV show in Italy, Maurizio Costanzo. The voices of the doctors and Dr. Strada himself brought in national attention. Many people had not been aware that Italy was a major manufacturer and exporter of anti-personnel mines.

Dr. Strada said, "Even now, every 20 minutes, somewhere in the world, a treacherous reality is being repeated: anti-personnel mines explode; people emerge with their arms and legs blown, or die altogether.

"… No matter what country or race is in concern, the nature of the tragedy itself is basically the same anywhere. Imagine a scenario: people walking on the prairie, children playing on the yard, farmers tending to their cattle, some tilling the ground or picking fruit; then, all of sudden, they step on a mine and blow up. They are blasted into the air and land on the ground unconscious. If they live, they wake up with severed limbs, burnt skin, damaged internal organs, paralysis, blood loss, brain damage, and even blindness. Imagine that."

Ever since Dr. Strada met the first victim in Quetta, for several decades, he has been giving surgery to thousands of innocent victims, who were injured by bullets, shrapnel, or mines.

Since Italy was a major manufacturing nation of those explosives, EMERGENCY led a massive protest campaign to stop their production. It

"Ever since Dr. Strada met the first victim in Quetta, for several decades, he has been giving surgery to thousands of innocent victims, who were injured by bullets, shrapnel, or mines.

"Since Italy was a major manufacturing nation of those explosives, EMERGENCY led a massive protest campaign to stop their production."

mobilized its protests in many different ways: writing articles, holding meetings, conferences, debates, exhibitions and whatnot. Continuous campaigning attracted public attention. EMERGENCY openly asked the Italian Department of Defense minister to investigate anti-personnel mines and take measures to stop their production.

The following are a few short descriptions from the medical records of the patients who were treated at the hospital in Sulaymaniyah operated by EMERGENCY: Keakaws Amin Ahmed, 30, had his left leg amputated because of a mine that injured him while he was hunting; Wahid Karim, 32, had his right leg amputated from an explosion while collecting metals; Saeed Majeed, 4, while collecting metals, sustained serious injuries to different parts of his body. The list goes on. Those excerpts were written on postcards that were sent to Oscar Luigi Scalfaro, the President of Italy. But EMERGENCY did not stop there. It continued its anti-mine campaigns. Ultimately, a law was passed that prohibited the manufacturing, marketing, and use of those weapons.

Furthermore, EMERGENCY asked the Italian government to work with the international community to stop the use of mines and to participate in humanitarian relief work for the innocent victims, and to remove the remaining mines wherever they were.

In the summer of 1996, EMERGENCY's petition of more than a million postcards was delivered to the President. In December that year, several Nobel Prize winners joined and signed the appeal at the International Court to oppose anti-personnel mines.

On December 3, 1997, the Italian government signed the Ottawa Treaty, an international agreement eventually signed by 162 nations that prohibited the use, production, stockpiling, and transfer of anti-personnel mines, and to destroy all existing stockpiles.

On October 29, 1997, the Italian government formally approved Italian Law No. 374, a law that had been passed by Parliament on August 2, 1994, which prohibited the manufacturing and selling of anti-personnel landmines. The Ottawa Treaty became effective on March 1, 1999. However, China, Russia, USA and several other countries did not sign the Treaty. They continue to produce landmines to this day.

4. Wishing for a world without war

The patients whom Dr. Strada operated on were mainly civilians; combatant patients were rare. Dr. Strada had heard that most war victims were innocent civilians from a report by the Peace Research Institute of Oslo (PRIO) even before he first went to Afghanistan. But it was only after the fact that he fully came to understand it, after having seen it with his own eyes.

Dr. Strada was even more convinced of that after he had gone through the data for more than 4,000 patients who received surgeries at the hospital in Kabul: 93 percent of the patients were civilians; 34 percent of them were children under 14. It was truly an incomprehensible outcome of war.

He compares war to cancer, and sees it as a problem that needs a solution rather than an inevitable part of human existence. Cancer causes great suffering and pain, killing millions every year, but this does not mean that the efforts in medical science are wasted trying to cure it. On the contrary, human beings must make more efforts to prevent this destructive disease and eventually overcome it.

A warless world is not just a dream or an imagination. In fact, creating a warless world is the most stimulating task that we are facing in today's world. At the same time, it is the most urgent matter that we must deal with.

Atomic scientists are warning the human race, "The Doomsday Clock is ticking now. We have only three minutes to go until midnight, because international leaders are failing to perform their most important duty – ensuring and preserving the health and vitality of human civilization."

Dr. Strada believes that the greatest challenge for the coming decades is to think, design and implement the conditions to build a utopia where the root of physical violence is eliminated. Even fatal diseases can be prevented and cured; likewise, war also can be prevented and cured. Violence is not a good prescription to treat the patient; unless the disease is treated, the patient is bound to die. That is why Dr. Strada thinks that the first step to take is to abolish war.

Utopia isn't an unattainable ideal. Rather, it's a challenge that requires the international community to work together to achieve.

Even a few hundred years ago, the abolishment of slaves sounded unrealistic. In fact, in the 18th century, owning slaves was considered normal. But in 1865, slavery was finally abolished as the era and trends changed. Hundreds of thousands of people joined the movement of this idea for several decades and finally changed the way slavery was viewed.

"We want a world based on justice and solidarity. We
reject violence, terror, and war as a means of solving
conflicts among human beings, peoples, and nations."

Consequently, people today no longer consider that it is acceptable to chain human beings and sell them as property. In this way, human beings abolished slavery; an unimaginable utopia a few hundred ago became a reality in our lives.

A warless world is another utopia that we must make come true as quickly as possible. For this reason, Dr. Strada is promoting the idea of a warless world to millions of people, convincing them that it is attainable. He appeals to all of us that even the concept of war must be expelled from the human mind.

On September 11, 2001, the terrorist attack on America shocked the entire international community. America's response was quick; less than a month after the attack, on October 7, America bombed Afghanistan. This was the first action that America took as a part of an international war to ensure enduring freedom for the world. The Taliban, which was then the government of Afghanistan, was accused of supporting Al-Qaeda terrorist groups that attacked the World Trade Center.

Military action against Afghanistan was supported by the international community. Italy also took the same position. On November 7, 2001, the Italian Parliament approved the motion to participate in the international military operation with a 92 percent majority vote, ignoring Article 11 of its constitution. It was the most bipartisan vote since the founding of the Republic of Italy. Eleven days later, 600 Italian soldiers were deployed in Afghanistan. At that time, people thought that it was an unavoidable measure to protect the nation that was under attack.

Then, EMERGENCY began a massive anti-war campaign:

"Throughout history, war has taken place, and is still taking place. War claimed countless lives and will continue to do so in the future as well.

Soldiers and strategists may think that the war is over, but it will continue. It will continue with the injuring and killing of innocent civilians by the anti-personnel mines left underneath the ground.

"We know that many of you agree with this war against Afghanistan. However, we hope that those who are against it will express their position so that they can be heard as well. Anyone who is against it, please tie a white rag of peace on your purse, your attaché case, at your door step or balcony, on the leash of your dog, your car antenna, your stroller, your children's backpack, or any other place. We are sure that many of you will join us for this. Then, no one will be able to say that Italians chose war in order to solve violence.

"EMERGENCY is asking not only individuals but also local councils, districts, associations, schools, and all others to join us and support us. Spreading this message is one way for you to begin [a warless world]."

EMERGENCY is aware that war will not bring human beings justice or eliminate the danger of terror. Many people began to understand this point of view and supported EMERGENCY. As a result, many people expressed themselves with a white piece of cloth. People began advocating for solutions other than war, as white pieces of cloth fluttered all over Italy.

In autumn 2002, again, war seemed to be inescapable. Iraq became the first enemy of Western society. Tensions rose and Western Europe began preparing for another military operation against Iraq.

EMERGENCY cried out, "Italy without war!" It shouted to the government and people, mobilizing the public and campaigned day and night. Then, in December 10 that year, during World Human Rights Day, more than 500,000 people and 250 torchlight processions flowed out into the streets.

In addition, hundreds of assemblies took place at schools; several tens of councils from cities and provinces supported EMERGENCY's campaign. 500,000 people joined the EMERGENCY website to support the Italy without war campaign.

"We want a world based on justice and solidarity. We reject violence, terror, and war as a means of solving conflicts among human beings, peoples, and nations. We ask that our nation Italy will not participate in any type of military operations against Iraq, in accordance with the constitution. We do not want to take joint responsibility for causing more deaths. Nor do we want to incite war and violence. No more wars, no more deaths, no more victims!"

EMERGENCY delivered petitions with signatures to the President of Italy, cabinet ministers, head of the senate, chairman of the chamber of commerce, various parliamentarian groups and others. Despite such fervent desires of many people, on April 15, 2003, even before the UN Security Council passed the resolution 1483, the Italian government succeeded in getting an approval from the parliament for the "emergency humanitarian mission" to Iraq.

Refusal to engage in war is the most fundamental core of Article 11 of the Italian constitution. Hence, at around that time, in order to demonstrate its firm conviction for peace, EMERGENCY hired three lawyers — Luigi Ferrajoli, Domenico Gallo, and Danilo Zolo — to draft a bill and prepare a petition for 'Rules for the implementation of the principle of repudiation of war, decreed by Article 11 of the Italian Constitution and the UN Charter.

That petition elaborated a series of points why the people's right to Article 11 of the Italian Constitution must be assured in its application, and how it was prohibited from violating it. In order to present its case, EMERGENCY acquired 137,319 signatures, far more than 50,000 required by law to petition a case. On June 17, 2003, EMERGENCY filed the paper at the legal department of the Italian Parliament.

After the invasion of Afghanistan and Iraq in the fall of 2003, and following the attacks on Turkey, Palestine and Chechnya, people seemed to take war for granted. EMERGENCY made an appeal to end the violence and immediately began collecting signatures, including those of MIT professor Noam Chomsky, Le Monde Diplomatique editor Ignacio Ramonet, former Italian President Oscar Luigi Scalfaro (1992-1999), 1992 Nobel Peace Prize laureate Rigoberta Menchu, 1986 Nobel Prize in Medicine laureate Rita Levi Montalcini, 1997 Nobel Prize in Literature laureate Dario Fo, 1988 Nobel Prize in Physics laureate Jack Steinberger, among others.

Among the first supporters for EMERGENCY's efforts was Hans von Sponneck, who was formerly in charge of the UN's humanitarian programs in Iraq. He opposed the United States' economic sanctions and resigned from his position at the UN. In addition, the 9/11 Victims' Family Association and numerous international councils and associations in Italy joined the petition. More than 76,000 people joined EMERGENCY's endeavor.

"Global citizens should not be allowed to shed tears any longer from horrific tragedies. We cannot let wars for revenge, which have brought the world spiraling down a repeating cycle of terror and violence, to continue so as long as it kills countless lives. If they continue, humanity will be lost forever.

"We no longer want to see cruelty. Human beings who kill other human beings are not human beings. We must now get away from this vortex which will lead us to total devastation, leaving us with nothing. There will be nothing but death and destruction, regardless of who is right or wrong. Therefore, we demand that war be stopped.

"We need time to think. We cannot remain idle and do nothing about this deadly madness. We ask all organizers, dictators and heads of state who perpetrate these massacres: 'Stop!'"

5. Humanitarian of the 21st century

Awards & honors

• 1999: Received the International Viareggio Versille for his book "Green Parrots, Chronicles of a War Surgeon"

• 2003: Received the Antonio Feltrinelli Prize from the Academia Nazionale del Lincei for manifesting the value of humanitarianism as a high moral standard

• 2004: Received an honorary doctorate degree from the University of Basilicata in technology for restoring medical facilities and building new hospitals in areas severely damaged by wars and conflicts

• 2006: Received an honorary doctorate degree for his humanitarianism from the University of Colorado

- 2015: Received the Right Livelihood Award for not fearing wars and providing excellent medical practice and surgeries to victims who suffered at the conflict zones where unrighteousness is prevalent
- 2016: Received the bronze award from the European Society of Trauma and Emergency Surgery for his remarkable achievements in the field of disasters and military medical science
- 2017: Received the Sunhak Peace Prize for his contribution and for his leadership in emergency medical care for victims and refugees in the regions of Africa, the Middle East and Asia

Now, the entire world is paying attention to Dr. Gino Strada, a man who saved thousands of lives at the most dangerous places in the world. Now, the world recognizes his achievements, his hard work and efforts during his 30-plus years in life-threatening environments, and willingly bestows upon him the title a world humanitarian.

As Dr. Strada stated, the results that he brought is "as if adding one drop of water to the vast ocean." It is so because as of now, we see no sign that violence will end in the near future. Nevertheless, the truth is that that one drop of water has already made a great impact on the lives of numerous people; furthermore, it is guiding not only Dr. Gino Strada himself but also all the people who experienced these services rendered around the world to share the universal values of human life, leading them to humanitarianism.

Dr. Strada could have lived a comfortable life somewhere in a lofty suburb area in Italy. Yet he gave it up and chose to live an uncomfortable life in the most painful and dangerous warzones. Men generally think of retiring at the age of 65, but he refuses to leave the warzones. He spends his life traveling, to take care of 47 medical facilities that are operated by

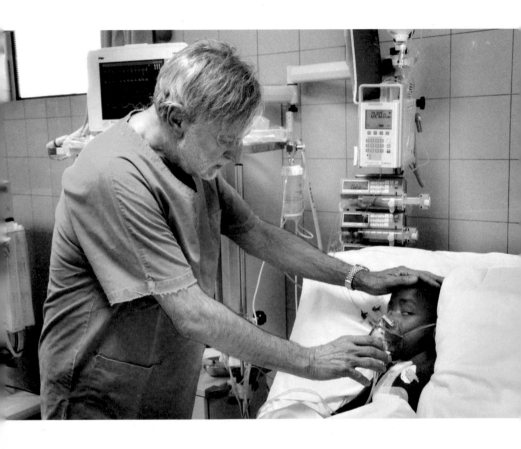

"Now, the entire world is paying attention to Dr. Gino Strada, a man who saved thousands of lives at the most dangerous places in the world. Now, the world recognizes his achievements, his hard work and efforts during his 30-plus years in life-threatening environments, and willingly bestows upon him the title a world humanitarian."

EMERGENCY in Afghanistan, Iraq, Sudan and more. As long as there are patients who are mourning from pain and suffering, he does not feel that he can live a comfortable life.

Dr. Gino Strada and his colleagues at EMERGENCY have been introduced to the public by Time magazine, which is an American weekly news magazine; The Guardian, which is a well-known British newspaper; and 60 Minutes, which is an American TV news magazine program broadcast by the CBS television network.

In 2012, Director Kief Davison made the documentary film Open Heart in which eight children in Rwanda were at the crossroads of life and death, while going through high-risk heart surgery. This story deals with the actual reality at the Salam Centre for Cardiac Surgery. Mr. Davison was nominated for the 85th Academy Awards in the field of short documentaries.

Dr. Strada does not take his world fame as that of his own personal glory and honor. He is pleased with the chance he has been given to let more people know about the reality of war and to solve the problems together with many other people throughout the world.

Now Dr. Strada is approaching the age of his twilight years. Several years ago, he himself went through coronary bypass open-heart surgery, after suffering a heart attack while Saddam Hussein's artillery troops were pounding Kurdistan.

In 2009, Teresa Sarti, his wife, the co-founder of EMERGENCY, passed away. That organization, which she personally developed from the very beginning, has now reached up to 4,000 volunteers, who are working together throughout the world. At the present time, Dr. Strada's daughter Cecilia runs the organization, after having inherited her mother's foundation. She says that she is motivated to work harder since she does not want her mother's work to be in vain.

In 2013, Italians were strongly accusing the established politicians of corruption. A survey was conducted by a new Italian party called the Five Star Movement, which questioned, "Who will be the best potential presidential candidate?" Dr. Strada won second place in that survey. However, Dr. Strada's position on politics is that "Political issues must remain outside the hospital. Doctors are doctors, and a medical team's job is to take care of patients who need medical attention. To a medical doctor, that must be the last story to tell to people."

The Sunhak Peace Prize for Future Generations

1. Sunhak Peace Prize award ceremony

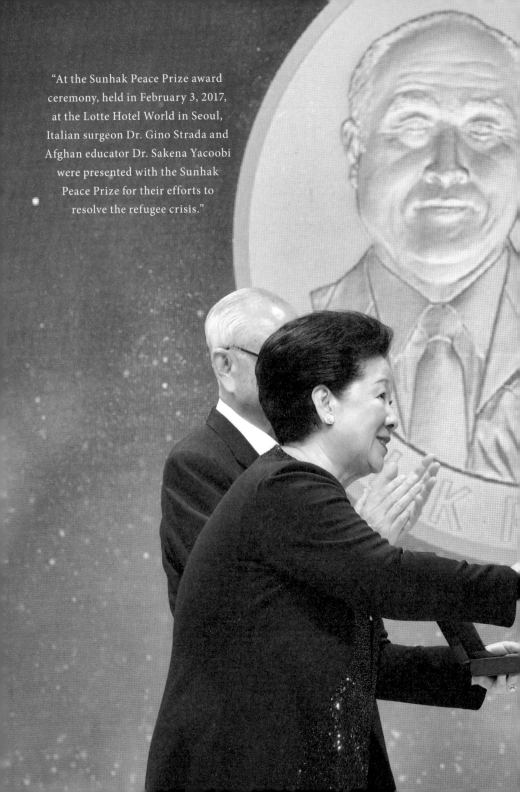

"At the Sunhak Peace Prize award ceremony, held in February 3, 2017, at the Lotte Hotel World in Seoul, Italian surgeon Dr. Gino Strada and Afghan educator Dr. Sakena Yacoobi were presented with the Sunhak Peace Prize for their efforts to resolve the refugee crisis."

"Dr. Gino Strada sees the right to be cured as a basic and inalienable human right, and is raising the bar, striving to provide high-quality medical treatment free-of-charge to people in need."

On November 29, 2016, at the Washington, D.C., the Sunhak Peace Prize Committee announced Dr. Gino Strada as one of the two laureates for the 2017 Sunhak Peace Prize award ceremony. The Sunhak Peace Prize was established by Rev. Dr. Sun Myung Moon and Dr. Hak Ja Han Moon, based on their peace vision of One Family Under God, to help prepare for a peaceful future for all humankind. To that end, the Committee selected Dr. Strada for 2017's Sunhak Peace Prize co-recipient.

The Sunhak Peace Prize Committee presents a future peace agenda that will guide our shared human destiny toward peace. For the second award ceremony, the Committee presented the refugee crisis as the core theme, seeing that today we face the largest number of displaced persons on the global level due to international issues that are threatening world peace.

At the Sunhak Peace Prize award ceremony, held in February 3, 2017, at the Lotte Hotel World in Seoul, Italian surgeon Dr. Gino Strada and Afghan educator Dr. Sakena Yacoobi were presented with the Sunhak Peace Prize for their efforts to resolve the refugee crisis. Dr. Gino Strada is highly regarded for his humanitarianism transcending national borders, saving the lives of eight million people over the past 28 years, providing "urgent medical relief" to refugees and war victims at the forefront of global disputes.

In Dr. Strada's words, "The broken lives of all [refugees] urge us to reflect, [and] ask us to take action to get out of the spiral of war and violence. If we wish to work for the survival of humankind, the abolition of war is necessary and inevitable."

Through his acceptance speech, Dr. Gino Strada strongly addressed the need for action of global citizens. The award ceremony was attended by more than 800 delegates, including former President of Kiribati H.E. Anote Tong who gave the Congratulatory Address, current and former presidents and vice presidents, among others representing various governments, academia, businesses, media, and religions. The participants gave a standing ovation after a video clip showing of Dr. Strada's accomplishments.

Through this award ceremony, the participants were reminded of the value of human beings that connects every single person as humankind. They agreed that refugees, through international solidarity, must seek the help to regain their lives. Dr. Strada's accomplishments were a message of peace that resonated with a sense of moral responsibility in the hearts of world leaders.

2. Major achievements

1. Disseminating emergency aid at the forefront of conflict in Africa and the Middle East

Gino Strada is an Italian surgeon who, for 28 years, has been providing humanitarian relief to the victims of war and poverty, and refugees around the world.

He began his career as a war surgeon with the International Committee of the Red Cross (IRCR) in 1989, and in 1994 founded the international humanitarian organization called EMERGENCY. EMERGENCY's mandate is to provide high quality, free medical and surgical care to the victims of war, landmines and poverty. Over the years, EMERGENCY has been working in 17 countries, building and managing hospitals, medical and surgical centres, rehabilitation centres, paediatric clinics, primary health clinics, maternity centers and a center for cardiac surgery. EMERGENCY is currently working in Afghanistan, Central African Republic, Iraq, Italy, Sierra Leone and Sudan.

In Afghanistan, EMERGENCY runs two surgical centres for war victims in Kabul and Lashkargah and one hospital in Anabah (Panjshir Valley), which includes a maternity center. In 2007, EMERGENCY established the Salam Centre for Cardiac Surgery, a Centre of Excellence in Sudan (Africa) providing free high-quality heart surgery to patients with acquired or congenital heart diseases. The Centre is the hub of a regional program for cardiac surgery and has received patients coming from 27 countries. At the Centre, EMERGENCY has performed more than 6,500 surgeries, and more than 56,000 cardiac examinations. The center received world-class ratings for its work. Since 2009, EMERGENCY has operated the only free-of-charge paediatric hospital in the Central African Republic. In 2014, when the Ebola virus (EVD) spread in West Africa, EMERGENCY established a 100-bed Ebola Treatment Centre in Goderich, Freetown, in cooperation with the British Cooperation. The Centre, equipped with a 24-bed Intensive Care Unit, set up a revolutionary approach for the treatment of Ebola in West Africa. Since July 2014, EMERGENCY has also been very active in response to the humanitarian crisis in Iraq, where it operates 6 primary healthcare centres in refugee and IDP camps. Since 2006, EMERGENCY has been running a widespread program in Italy to respond to the increasing needs of the migrant population from the landings at the Sicilian ports to urban ghettos and countryside shantytowns.

EMERGENCY cooperates with the United Nations to effectively respond to the needs of the population in danger. In 2008, EMERGENCY became an official partner of the United Nations Office of Public Information, and, since 2015, has obtained a special status to the United Nations Economic and Social Council (ECOSOC).

2. Taking the lead in protecting the dignity of human rights by guaranteeing the "right to be cured"

Gino Strada has actively promoted the value of peace, solidarity, and human rights, providing high quality, free of charge treatment without discrimination, in the firm belief that "the right to be cured" is a basic and inalienable right of all people.

In Africa, where there is little awareness of the availability of health care, his focus is on spreading the perception that health care supports the basic human right to live like human beings and that the state should take the lead. Through his active efforts, the governments of 11 African nations (Central African Republic, Chad, Democratic Republic of the Congo, Djibouti, Egypt, Eritrea, Ethiopia, Somalia, Sudan, South Sudan and Uganda) have signed EMERGENCY's "Manifesto for a Human Rights-based Medicine" (a medical declaration of human rights) that recognizes "the right of people to receive medical treatment" and will make efforts to provide health care services free of charge.

In 2007, Dr. Strada established the first of the 11 Centres of Medical Excellence in Khartoum (Sudan), the Salam Centre for Cardiac Surgery. Building on the experience of the Salam Centre, in 2010, 11 countries adhered to the African Network of Medical Excellence (ANME), a project aiming at building Centres of Medical Excellence to strengthen National Health Systems with a regional perspective. This network hopes to promote and build peaceful relations in the region thanks an enduring cooperation in the medical sector. The construction works of the second center, a Regional Hospital for Paediatric Surgery in Uganda, are about to start and are planned to end in December 2018.

EMERGENCY medical staff provides free medical and surgical care to all those in need without discrimination respecting three key principles: equality, high quality health care, and social responsibility. EMERGENCY also provides thoroughly medical education and training to the national staff with the goal of handing over its facilities to local health authorities, whenever operational and clinical autonomy are fully achieved.

3. Leading the peace culture with "anti-war" and "prohibition of production of anti-personnel landmines" campaigns

Gino Strada is engaged in anti-war movements with a solid moral and political position that war must be abolished on the grounds that war tramples human dignity and life. As such, it cannot be justified for any reason.

In 1997, Gino Strada, who over decades has seen civilian casualties and human misery caused by land mines in conflict zones, enthusiastically campaigned to ban the production of mines in Italy, successfully achieved in 1998. In addition, he strongly opposed and campaigned against Italy's intervention in the war in Afghanistan in 2001, and in Iraq in 2003. In 2002, EMERGENCY organized a massive campaign with the support of half a million people protesting against the war.

In 2003, as the war in Afghanistan worsened and Iraq began, EMERGENCY started a mobilization of the civil society and collected signatures for the anti-war movement, asking government groups to stop the fire "before hatred and violence become the only language of mankind." The appeal was signed by world-renowned figures including MIT Professor Noam Chomsky, Le Monde newspaper Diplomatic editor Ignacio Ramonet, Former President of Italy (1992-1999) Oscar Luigi Scalfaro, 1992 Nobel Peace Prize winner Rigoberta Menchù, 1986 Nobel Prize winner in Medicine Rita Levi Montalcini, 1997 Nobel Prize winner in Literature Dario Fo, and 1988 Nobel Prize winner in Physics Jack Steinberger, among others. When, after intervening in the war, the Italian Foreign Ministry offered support to EMERGENCY's hospitals in Afghanistan, Dr. Strada declined the proposal stating that EMERGENCY could not receive funding from the Italian Government, which was actively contributing to the war.

Dr. Gino Strada is appealing to the world that, "In order to guarantee a peaceful future for mankind, war, which denies the human rights necessary for survival, should disappear, and the best thing the present generation can do for future generations is to work together to make a world without war."

3. Acceptance speech

Ladies and gentlemen,

It is an honour for me to receive the Sunhak Peace Prize, particularly in times increasingly marked by war and violence when speaking of peace is perceived as unrealistic and utopian. I wish to thank Rev. Sun Myung Moon and Dr. Hak Ja Han Moon for devoting their lives to achieving universal peace and promoting the fundamental values of peace, dialogue and cooperation in the name of the human family.

Now more than ever, there is a compelling need for building a better world for future generations and sustainable peace. I have personally seen the atrocities of war and its devastating impact. I have spent the last thirty years of my life in war-torn countries, operating on patients in Rwanda, Peru, Ethiopia, Somalia, Cambodia, Iraq, Afghanistan and Sudan. In these and other countries, EMERGENCY – the humanitarian organization I founded 23 years ago - is committed to providing free and high-quality medical and surgical care to the victims of war, whose effects are not limited to the wounded and refugees, but have severe repercussions on the future of entire generations.

Many of the conflicts that are currently ravaging countries reducing populations to misery and hunger are often undeclared or deliberately silenced. The massacres are increasing, to the point that it is hard to remember them all. For most of us, they seem so far and alien from our daily life. It is so easy to listen to the news without realizing that after every bomb, after every shell there are people struggling to survive. Ninety percent of the victims of the wars of our time are civilians, people equal to us, with the same needs, the same hopes and the same desire for their beloved ones: living safely, staying together, and being protected.

According to recent estimates, "eight individuals own as much as the poorest 3.6 billion people. Meanwhile, every day 1 in 9 people go to bed hungry." Are we still surprised that people increasingly embark on perilous journeys and strive to find a better future?

Last year over 60 million people were forced to leave their homes, looking for protection and safety. They had the dream of living in peace, but we are deaf to their hopes. "What did I do wrong?" A Somali guy landing in Sicily asked me. I could not give him an answer.

Even though migrants arriving in Europe represent a small portion of the migrant population scattered across the globe, the so-called "migration crisis" has shed light on the hypocrisy of the European approach to human rights. On the one hand, we firmly promote the principles of peace, democracy and fundamental rights, while, on the other, we are building a fortress made of walls and cultural barriers, denying access and basic help to thousands of people fleeing war and poverty.

The case of Afghanistan serves an emblematic example. In the last 15 years, Afghanistan has been devastated by a new war. Every year in our hospitals around the country we register a new record of war wounded, one third of them are children. Afghanistan has been the second source country of the refugees worldwide (only recently surpassed by Syria), with almost 3 million Afghans living mainly in Pakistan and Iran. This tragedy has been ignored for many years by the Western countries and has become a priority only when Afghan refugees have turned to Europe as their final destination. In response to this increasing flow, rather than investing in welcoming and integration programs and addressing the root causes of the conflict, European leaders have signed an agreement with the Afghan Government to legally deport asylum seekers back to Afghanistan in exchange for financial aid.

The broken lives of all of them urge us to reflect, ask us to take action to get out of the spiral of war and violence. If we wish to work for the survival of humankind, the abolition of war is necessary and inevitable. It falls within the mandate of the UN, founded over 70 years ago, but still today very little has been done to fulfil their core mandate.

EMERGENCY has come to believe that the abolition of war is the only realistic and human solution to end human suffering and promote universal human rights. With this objective in mind, EMERGENCY is working to launch an international campaign involving world-renowned personalities as well as ordinary citizens. It might sound utopian but in fact, it is a realistic and achievable objective. It is up to the world citizens to take action and conquer peace. Renouncing the logic of war and practicing fraternity and solidarity is not only desirable but urgently needed if we want the human experiment to continue. Today I am very happy to have the chance to warmly invite all of you to join us in this effort.

Thank you.

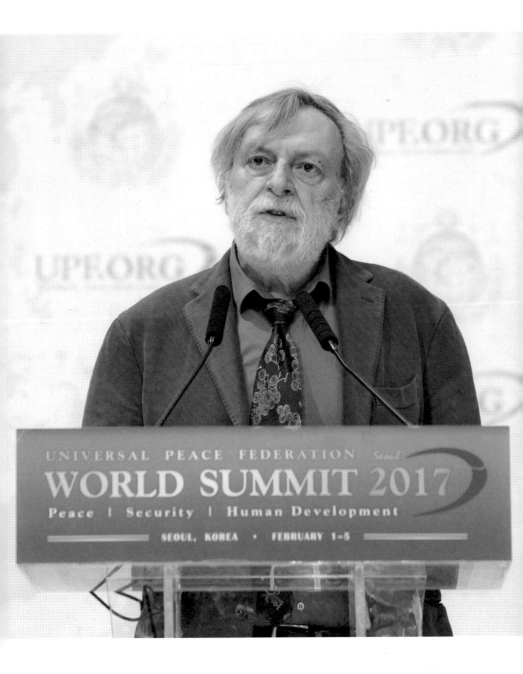

4. World Summit speech

Good afternoon, everybody.

Some 500 years ago, the famous humanist then philosopher, Rasmos from Notre Dame wrote, "War is appreciated only by those who don't know it." And that is very true. I happen to live and work in war zones for some 30 years now, and I want to show you what I have seen, what I have experienced, and what I have learned. I have to first of all apologize because some of the pictures I will show you are a bit harsh. But if you want to be honest, you have to show harsh things, because war is more than harsh. What it means to be a victim of war is to be victim of straplines or bombs, of high velocity bullets, and anti-personal mines. Several models are used by different countries, and millions and millions of these inhumane weapons are scattered around the globe.

I took this photo 20 years ago in a dry river in Iraq. All of it looks like stones. But there is one in the red circle there, which is not a stone. It is a mine — plastic, water-resistant, and can last for decades. And when you step on that mine, this is what happens to you. And these are other types of mines called "Green Parrots" in Afghanistan. These mines are designed specifically not to kill, but to maim children, because soldiers would never pick up this object, but children do. And what happens to children is that they lose one or both hands, and very often they remain blinded. And that is the philosophy behind these weapons; to maim or mutilate children in the enemy country. If that is not terrorism I don't know what is.

After many years of doing surgery on victims of war, I ask myself who is paying the price because I have not been operating Rambos. I've been operating mostly children and women; people who have never carried a weapon. So I did some statistics of 12,000 consecutive patients admitted to hospitals in Kabul. 34 percent were children, 26 percent elderly, 17 percent male non-combatants, 16 percent women, and only 7 percent presumably were combatants. So whoever speaks about war has to remember that 9 times out of 10, a bullet or mine will hit a civilian, and 1 out of 3 the victim is a child. And this is the evolution of the victims of war, combatants versus civilians from World War I until World War II and afterwards. In World War I, only 15 percent of the casualties were civilians, 85 percent were militaries. In today's conflicts, over 90 percent of the victims are civilians, which mean that being a combatant is one of the safest jobs.

After the Second World War, there were new hopes with the establishment of the United Nations, with its preamble that the UN was established "to save succeeding generations from the scourge of war, which twice in our lifetime has brought untold sorrow to mankind, and to reaffirm faith in fundamental human rights, in the dignity and worth of the human person, in the equal rights of men and women and of nations large and small." Was it achieved? Would it fulfill this mandate? My answer is no, it was a complete and total failure. And again, new tools. The UN Security Council established in order to ensure prompt and effective action by the United Nations, its Members confer on the Security Council the primary responsibility for the maintenance of international peace and security. Did the UN Security Council fulfill its mandate? Again, the answer is no. After World War II, new principles started to become popular, and an important document has been the Universal Declaration of Human Rights. While it is written that recognizing the basic equality and rights and dignity of all human beings is the foundation of freedom, justice, and peace in the world, in other terms, if there is no recognition of basic equality of all human beings, we cannot have peace, we cannot have freedom, and we cannot have justice.

But after World War II, instead of entering a new era of peace and promotion of human rights as everybody was hoping, the world has seen an unprecedented arms race. After 1946, more than 160 major conflicts occurred in the world. And these are the world's military expenditures. 2015 is 1,676 billion dollars. This is more or less equivalent to what is available for the poorest one billion of the world's citizens. And 74 percent of the weapons circulated in the world are produced and exported by China, France, Russia, United Kingdom, and United States, permanent members of what I would say a so-called Security Council. This is an international scandal, because the Security Council is in fact the council of the armed dealers. The mission statement of the EMERGENCY organization I contributed to establish in 1994 says that we want to provide high-standard and free-of-charge medical and surgical assistance in war-torn areas, and in doing so, promoting a culture of peace, solidarity, and respect for human rights. So far, we have treated over 7 million patients in different countries, and we have trained over 10,000 medical staff. We have established surgical centers. This is our building in Iraq. This is in Battanbang, Cambodia. This one is in Gernada, Libya. This one is in Kabul, Afghanistan, another one in Lashkargah, Afghanistan.

And around the hospitals, we have established first-aid posts. I think we have more than 50 first-aid posts in Afghanistan scattered around the country where patients can be stabilized and sent to the nearest surgical center. We have started getting new prosthetics for war rehabilitation, because rehabilitation is also part of therapy. Slowly we have realized that victims of war are not just those who get wounded by bullets or landmines. Women who cannot have a safe pregnancy because war has destroyed the medical infrastructure must be considered victims of war. And children who cannot have primary healthcare must be considered victims of war.

That is why we have started to set up maternity centers and pediatrics hospitals in different areas in Asia and in Africa. And this is Sierra Leone, Central African Republic, Port Sudan.

Then the recent migration crisis, as it is usually called, occurred. And we had to establish refugee camps on the Iraqi border for Syrian refugees and for internally displaced people in Iraq. Refugees arrive also in Italy. Italy is the first country in Europe where refugees are trying to reach for a different life. And we are building more not only in sea rescue operations, but also in medical services to the refugees, setting up also clinics for those who are in need, who are not only refugees. We thought at first that the refugees would come to these clinics. But in fact, we see a lot of Italian citizens coming to these clinics because Italian citizens as well, cannot afford any more to pay for their medical services.

That is why we have begun to think not only in terms of emergency response but in terms of sharing human rights. Human rights have to be a very clear concept. What do we mean by that? Do we mean everybody's rights, or do we mean the rights which are actually the privileges of the rich ones. That is why we have established medical centers and surgical centers like this one, the Salam Centre for Cardiac Surgery in Khartoum, based on this idea that high-standard care free-of-charge should be delivered to everybody. We cannot go to the so-called third world to bring a third world level medicine. If health care is a human right, everyone must have the same right. And in this center we have had open now for 10 years, we have operated free-of-charge on patients particularly children coming from 26 different countries, mostly African countries. This has inspired us to discuss with many African Ministers of Health to design a program that we have called African Network of Medical Excellence because we want

Africa to have medical excellence, not second class services. And we are now on the way to have the ground-breaking ceremony of the second of these centers in Uganda, a center for pediatric surgery.

What did we learn? First, that humanitarian action must be based on the principle that all human beings are born equal in right and dignity; and therefore that our patients should receive the same standard of health care that we would require for our family members and friends and for ourselves. If a hospital is good for us, it is good for them. If we are thinking of going abroad to get medical treatment, it means we are joking and are not serious. We have also learned that for most governments, war is the solution for internal and international controversies. But for the citizens of the world, war is not the solution. War is the problem. It is a problem because citizens remain wounded, maimed, killed, and they find themselves poor, angry, and displaced.

There is no more ethical justification for war. Someone is talking about the humanitarian war. War cannot be humanitarian. War is inhumane by definition because they kill human beings. I am a doctor and I cannot think of a drug that 9 times out of 10, kills the patient as war does killing innocent civilians. There is no more political justification for war. We have experienced more and more often that every war is just the preparation for the next one; that every act of violence, war or terrorism, which are two sides of the same medal, is just a preparation for the next. And there is no more historical justification. We have produced and fabricated weapons of mass destruction able to put an end to the human experiment, able to destroy the entire planet and we cannot take this risk for future generations.

That is why EMERGENCY is trying to involve outstanding eminent personalities, scientists, but also ordinary citizens, because citizens do not want war. I've never seen a mass demonstration of citizens in any country asking the government to go to war. On the contrary, we see governments telling lies to convince people that war is necessary, unavoidable, or good. So we believe and share the opinion of Albert Einstein when back in 1932, he abandoned the disarmament conference in Geneva, where discussions were going on about which weapons were legal, acceptable, unacceptable; and Einstein said, "War cannot be humanized. War can only be abolished." And the abolition of war, in my opinion, is what is very much needed today.

We propose to the Universal Peace Federation to get involved and engaged in this. It is a scandal that there are countries popping up like popcorns, and in the United Nations not once the abolition of war has been discussed. We must discuss it; we must achieve it. It is easy to achieve. How to avoid a war? There are many answers. It is very simple. If you want to avoid a war, just don't make it.

Thank you very much.

Gino Strada

치료받을 권리 지켜낸 영웅, 지노 스트라다

삶과 죽음이 교차하는 차가운 수술실에서 28년째,
의술에 대한 기존 관점과 다른 접근 방식으로
존엄한 인권 수호에 앞장서다

Contents

난민과 전쟁 피해자들의 생명을 지켜낸 영웅,
지노 스트라다 박사

세계는 아직 전쟁 중입니다. 지금도 분쟁지역은 전 세계적으로 10곳이 넘습니다. 대한민국 역시 휴전 상태라고 볼 수 있습니다. 언제 어느 공간에서 세계의 화약고가 터질지 아무도 알 수 없습니다. 가장 중요한 질문은 '현 전쟁의 사상자는 누구인가?'입니다. 1차 세계대전에서 대량학살 대부분은 전쟁터에서만 일어났고, 민간인 부상자와 사상자는 10%를 약간 웃도는 정도였습니다. 하지만 전쟁의 본질이 변하여 20세기 초에 10명 중 1명이던 민간인 희생자가, 마침내 9명으로 늘었습니다. 특히 3명의 피해자 중, 1명은 아동입니다. 믿기지 않지만 1차·2차 세계대전이 끝난 후, 지구가 경험한 160건 이상 '주요 갈등'으로 2,500만 명 이상의 생명이 희생됐습니다. 또한 전쟁과 박해로 집을 잃은 이주민 수는 2차 대전 후 최고치를 기록하고 있습니다. 유엔난민기구(UNHCR)의 '연간 글로벌 동향보고서'에 따르면 2016년 말 전 세계 강제이주민 수는 6,500만 명에 이르는데, 이는 전 세계 113명 중 한 명이 집을 잃은 난민, 난민 신청자 혹은 국내 실향민이라는 의미입니다. 세계는 아직 전쟁 중인 것입니다.

선학평화상은 문선명·한학자 두 분 설립자의 '전 인류 한 가족'이라는 평화비전을 토대로 인류의 평화로운 미래를 준비하기 위해 제정된 상으로, 매회 시상에서 인류 공동의 운명을 평화로운 방향으로 이끌 '미래 평화 아젠다'를 제시하고 있습니다. 본 위원회가 제2회 시상에서 제시하는 미래 평화 아젠다는 '난민 위기'입니다. 오늘날 전 세계는 기록적인 수준의 강제 이주를 목도하고 있습니다. 문명사적 견지에서 보면 디아스포라는 인류의 가장 오래된 적응 전략이었으며, 이 문제는 이 시대의 매우 중요한 평화 이슈로 다루어져야 할 것입니다.

제2회 선학평화상위원회는 이러한 평화비전으로 글로벌 난민 위기에 주목하였고, 수상자로 아프리카 및 중동 난민들에게 긴급 의료구호를 펴오고 있는 '지노 스트라다' 박사와 교육으로 난민 재정착의 혁신적인 해법을 제시하고 실천해 온 '사키나 야쿠비' 박사를 선정하게 되었습니다.

　지노 스트라다(Gino Strada) 박사는 국경을 초월한 인류애로 28년간 중동 및 아프리카 분쟁지역에서 생명이 위태로운 난민들에게 긴급 의료구호를 펼친 인도주의자입니다. 1994년 국제 긴급의료단체인 '이머전시(Emergency)'를 설립하여, 전 세계에서 의료 여건이 가장 취약한 17개국에서 60여 개가 넘은 긴급 의료시설을 설립 운영하며 800만여 명의 생명을 살려냈습니다. 가장 헌신적인 의사들도 전쟁 지역에서 몇 달 이상을 버티지 못하지만 그는 지구촌 분쟁의 최전선에서 반평생을 버텨왔습니다. 세계에서 가장 위험한 여건 속에서 긴급 의료 구호를 펼쳐 수백만 명의 생명을 살려낸 것입니다. 쉽게 상상할 수 없는 숫자입니다.

　또한 지노 스트라다 박사는 기본적으로 '치료받을 권리'와 양도할 수 없는 인류 보편의 인권이라는 숭고한 신념으로, 세계 최극빈자들에게 질 높은 치료를 제공하여 인권을 드높였습니다. 공공 의료에 대한 인식이 희박한 아프리카 11개국 정부로부터 '국민의 무료 의료 복지'를 약속하는 의료권 보장 서명을 받아내어 인권 의식 고양에 앞장서고 있으며, 아프리카 사막 한복판에 우수한 수준의 심장외과센터 및 전문치료센터를 구축하고 있습니다. 더불어 전쟁은 어떠한 이유로도 정당화될 수 없다는 확고부동한 도덕적·정치적 입장에서 반전운동을 전개하고 있습니다.

　이러한 성과에 대해 그는 '광활한 바다에 한 방울의 물을 더하는 것'이라고 말합니다. 하지만 그 한 방울의 물은 현재 많은 사람들에게 영향을 미치고 있습니다. 그의 활동 규모와 범위를 보았을 때, 아직까지 너 많이 알려지지 않은 것은 아이러니한 일입니다. 이와 같은 이유로 본 재단에서는 그의 업적과 활동을 모아 본 책으로 펴냅니다. 이머전시가 많은 사람들의 삶을 긍정적으로 변화시키고 있는 것처럼, 본 책자 역시 세계라는 광활한 바다에 평화를 더하는 물방울이 되기를 바랍니다. 제2차 대전 이래 가장 심각한 난민 문제에 직면하고 있는 오늘날, 인류 공동의 이익을 위해 초국가적인 노력을 기울이는 지구촌 공동체가 되기를 희망합니다.

2018. 1
선학평화상재단

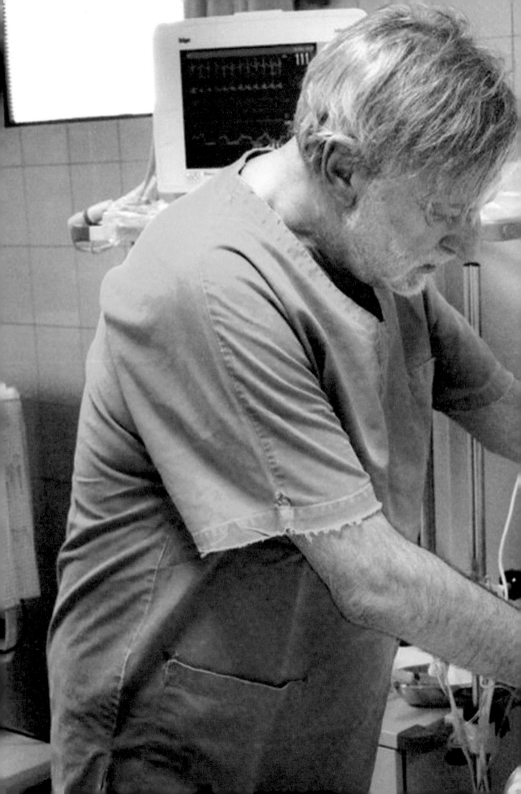

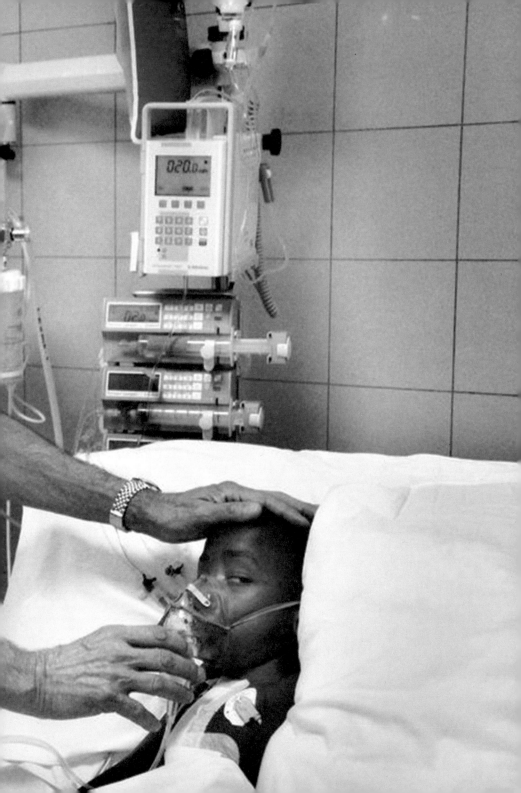

제1장

전쟁터의 외과의사

1. 아직 끝나지 않은 홀로코스트

지노 스트라다. 탁월한 인도주의적 업적을 인정받아 노벨 평화상 후보로 거론되고 있는 의사. 그는 1989년에서 1994년까지 국제적십자위원회(ICRC) 참전 의사로 활동한 것을 계기로 전 세계 분쟁지역을 찾아다녔다. 치료가 필요한 난민과 빈민, 전쟁 희생자에게 긴급 의료구호 활동을 펼치며 800만 명 이상의 생명을 살렸다. 의술은 사업이 아니라 기본적 인권이라는 신념으로 마주했던 한 명 한 명의 환자들. 참혹하게 사지가 절단된 환자들을 수술하며 이 모든 비극의 근원인 전쟁을 종식시켜야겠다고 마음먹었다. 지뢰 생산 중지! 사격 중지! 우리는 전쟁 없는 세계를 원한다! 이제 그는 대대적인 반전 운동에 앞장서며 세계 평화를 만들어 가고 있다.

　이제 나이 일흔에 가까운 노년의 지노 스트라다 박사는 종종 아버지를 떠올린다. '내가 파키스탄 국경에 있는 걸 보면 아버지는 뭐라고 하셨을까?' 아버지는 늘 자전거를 타고 다니셨다. 일터에서 기름에 쩌든 작업복을 입은 채로, 엄청나게 빠른 속도로 페달을 밟으며 돌아오셨다. 어린 지노 스트라다를 데리고 일터에 나갈 때가 많았는데, 이탈리아 세스토 산 지오반니 외곽의 좁다란 길을 따라 달릴 때는 비좁은 검은색 튜브 위에 걸터앉아 '따르릉' 하고 경적을 울렸다. 공장 근로자였던 아버지는 커다란 손으로 무엇이든 척척 만들어냈다. 나무 장난감들과 마구간이 딸린 기병대의 성채를 비롯하여 모든 보물은 아버지가 만들어준 것들이었다. 독학이었지만 교양이 있는 사람, 오페라를 좋아하며 아들을 팔에 안은 채 찡그린 얼굴로 바리톤 소리를 내어 자주 노래하곤 했던 사람. 아버지의 죽음에 그는 울지 않았다. 눈물이 끝없이 흘러내릴 것을 알고 있었기에 울 수 없었고, 울지 않기로 마음먹었다. 이렇게 집에서 멀리 떨어진 분쟁지역 국경에 있는 아들을 보았다면 아버지는 뭐라고 말씀하셨을까.

지노 스트라다 박사는 다른 삶을 살 수도 있었다. 피곤에 찌든 몰골로 굳이 분쟁지역에 있지 않을 수도 있었다. 가끔 지노 스트라다 박사는 '왜 내가 분쟁지역에 있는가' 자문한다. 아내 테레사는 이런 그의 삶에 대해서 '남자에게는 꼭 필요한, 자신의 존재를 확인하기 위한, 불가사의한 충동' 때문이라고 말했다. 무엇보다도 중요한 일, 애정이나 가족보다도 우선시되는 일, 자기실현을 위한 일…. 지노 스트라다 박사는 늘 직업과 생명에 대한 생각과 그와 관련하여 일어나고 있는 일들과의 타협점을 찾으면서 누군가에게 도움이 되는 일을 해야 한다고 생각했다. 예컨대, 1968년에 데모 대열에 동참하게 하였던 그때와 같은 생각이 여기까지 오게 만든 것이라고 말이다.

우리 모두는 자신보다 불행한 세상 사람들에 대하여 얼마간의 의무를 지고 있고, 그들을 위해 연대의식을 가져야 한다는 생각을 갖고 있다. 죄를 짓지 않았는데 팔다리를 잃어야 하고, 복부에 폭탄 파편을 맞아야 하는 사람이 세상에는 너무나 많다. 그중 많은 이들이 라마의 등에 실리거나 짐차 위에 쓰러진 채로 산길을 이동하며 아슬아슬하게 목숨을 지탱한다. 그들이 병원에 도착하였을 때는, 이미 더럽혀진 몸뚱이에 피곤이 겹쳐 녹초가 된 상태이다. 터번과 얼굴이 흙투성이가 되거나 너덜너덜하게 찢어진 옷에는 온통 피가 묻어 있다. 그렇게 힘겹게 도달한 병원에는 그들을 도와주려고 기다리는 사람이 꼭 있어야만 한다. 지노 스트라다 박사는 그것이 '인정(人情)'이라고 생각한다. 인간이라면 마땅히 가져야 할 '정'. 그것이 바로 이 비극의 최전선에서 그가 삶의 이끌어 가고 있는 이유이자 동력이다.

어쩌면 그가 위태로운 국경지역에서 살고 있는 것은 틀에 박힌 일을 못

견뎌하는 그의 성품 때문인지도 모른다. 힘든 일일수록 매력적이고, 단조로움을 깰 수 있는 도전이라고 생각하는 성품…. 해낼 수 있는, 그리고 반드시 이길 수 있는 게임과 같은 것. 아버지와 함께 자전거를 타고 집 근처 초원을 달리던 어린 시절에는 작은 숲과 개구리가 잔뜩 사는 강이 있었으면 하는 것이 그의 작은 소망이었다. 그러나 지금은 그 이상의 것이 필요하다. 세계가 아직 전쟁 중이기 때문이다.

전쟁에 대해서는 어렸을 적에 아버지께 들은 이야기가 고작이었다. 사이렌이 울면 방공호로 뛰어갔던 이야기, 한 줌의 석회를 고생하여 모은 이야기, 사탕을 구하기 힘들었던 이야기, 밀라노와 그 근교의 폭격에 관한 이야기. 아버지는 골라 지역의[1] 어린아이들이 많았던 학교에 관한 이야기를 해주었다. 그곳은 공습 목표가 되었고, 그 지역 일대의 사망자는 무려 650명에 이르렀다. 어린 지노 스트라다는 무고하게 죽어갔던 어린아이들과 담임교사들의 이야기를 들으며 도저히 그 까닭을 알 수 없었다. 왜! 군인이 단 한 명도 없는 학교에 폭탄을 떨어뜨린 걸까? 끝난 지 얼마 안 된 진짜 전쟁은 너무나 비인간적이고, 어린 마음에도 아무런 매력을 느낄 수 없었다. 몇 년 후에 벌어진 제2차 세계대전에서는 정말 많은 시민이 목숨을 잃었다. 골라에서 그랬던 것처럼 희생자의 65%가 공부에 몰두하던 어린아이들과 빵을 사기 위해 줄 서 있던 여자들과 일터로 가던 공장 노동자들이었다.

그의 어린 시절, 당시 홀로코스트는 그리 큰 화제가 되지 못했었다. 가족과 이웃에게 강제로 쫓겨난 사람이나, 열차에 강제로 실려 인류 역사상 가장 잔혹한 살육의 땅으로 보내진 사람이 수없이 많았다는데도 말이다. 수백만 명에 달하는 주검, 비쩍 마른 몸뚱이에 줄무늬 죄수복을 입은 옥중 사진 몇

1) *골라(Gola) 공습 – 제2차 세계대전 말기인 1944년 10월 20일, 이탈리아 밀라노 북부의 주택지 골라(Gola) 일대가 폭격기 조종 실수로 공습 목표가 되었다. 두 곳의 학교가 공습을 받았는데 프레코트 초등학교 학생들은 방공호로 피해서 목숨을 건졌지만, 골라(Gola) 초등학교에서는 여섯 살부터 열한 살까지의 학생들과 교사를 포함, 스물네 명이 목숨을 잃었다.

장 정도만 회자되었는데, 다시는 떠올리고 싶지 않은 불쾌한 기억으로 자리 잡고 있다.

히로시마 역시 공포였고 터부였다. 역사상으론 사실이었지만 빨리 끝내고 싶은 악몽과도 같은, 일종의 위협으로 간주되었다. 무수한 주민들이 원자폭탄의 버섯구름에 휩감겨 목숨을 잃었다. 민간인의 죽음…. 히로시마는 그저 단순한 비극으로 '일본과 일본인의 결말'에 그치는 걸까? 마치 끔찍한 영화 같았다. 아니, 그 자체였다.

그러나 그 후로 반세기 이상이 지난 지금까지 전쟁은 아직 끝나지 않고 있다. 지노 스트라다 박사는 외과 의사로서 '진짜' 전쟁을 아주 가까이에서 보았다. 수없이 많은 희생자의 얼굴을 직면해야 했다. 처음에는 눈앞에 벌어지고 있는 광경을 믿기 어려웠다. 아프간 전쟁에 참전 전 그는 머리에 피가 번진, 붕대 감은 아프간 '전사'를 치료하게 될 거라고 생각했었다. 그러나 그가 치료해야 했던 대다수의 환자들은 전사가 아닌 여성과 어린이들이었다. 게다가 먼지투성이에 수염을 단 노인들…. 누가 왜 싸우는지도 모르는 무고한 사람들, 한번도 상상해보지 못했던 전쟁터 병원의 현실이었다.

선량하고 무고한 수많은 사람들이 억울하게 희생되었다. 너무나 많은 전쟁이, 제각기 다른 이유로 불거진 분쟁이, 유칼리나무가 울창한 에티오피아 고지와 안데스의 산록, 캄보디아의 밀림과 르완다의 바나나 농원, 그리고 아프가니스탄의 산악 지대에서 지속적으로 일어났다. 언제 어디서나 변함없이 소름 끼치는 현실, 이것은 명백히 홀로코스트였다. 우리는 알고 있다. 아직 세계 곳곳에서 전쟁이 진행 중이라는 것을! 아직 홀로코스트가 끝나지 않았다는 것을! 그리고 누군가는 그 홀로코스트의 희생자들을 치유해야 한다는

것을! 그리고 지노 스트라다 박사는 그 자신에게 그 사명이 있다는 신념을
갖고 험한 길을 걸어나왔다.

2. 전쟁터의 외과의사가 되기로 결심하다

'저 아이가 적이란 말인가, 전쟁의 본질은 변했다.'

1989년, 지노 스트라다 박사는 아프가니스탄 국경에서 멀지 않은 서남 파키스탄의 퀘타 지역을 처음 방문했다. 퀘타는 전쟁으로 인한 대량학살 지역이었다. 유럽과 북미의 수준 높은 외과 센터들에 익숙했던 그는 처음엔 그저 호기심으로 퀘타의 국제적십자(ICRC)병원을 방문했었다. 그저 전문가적인 호기심으로, 가난한 나라에서 하던 일을 계속해보는 것은 어떨까, 하는 마음으로 현장을 직접 확인해보기 위한 방문이었다. 그때는 짐작조차 하지 못했다. 그곳에서 생애 첫 전쟁을 겪게 되리라고는, 날마다 빈번하게 전쟁과 공포에 둘러싸여 일하게 될 것이라고는, 이후 30여 년간 전쟁과 공포에 둘러싸여 생을 살게 될 것이라고는.

지노 스트라다 박사는 그해 처음 지뢰를 경험했다. 몇 달 동안 그는 퀘타에서 총알과 폭탄 파편에 맞거나 지뢰에 의해 몸이 조각난 환자들을 수술했다. 그 시기엔 생각할 시간이나 마음의 여유가 전혀 없었다. 응급 수술에 매우 능숙했지만, 그곳에서처럼 끔찍하고 치명적인 상해는 한 번도 본 적이 없었기 때문이다. 형체를 알아볼 수 없을 만큼 기괴했던, 미친 사냥개의 이빨에 찢긴 동물 같았던 사람들…. 지금도 그는 전쟁이 배설물처럼 남긴, 환자들의 참혹한 신체를 보면 속이 불편하고 아프다. 팔다리는 산산 조각나고 장기와 동맥들은 파열되어 다시 꿰매야 한다. 그가 지금껏 계속 해오고 있는 '전쟁수술'의 한 장면이다.

아이들은 손이 날아간 후 지혈을 하기 위해 헝겊을 두른 채 병원에 왔고, 그는 양손을 잃거나 얼굴 앞에서 지뢰가 폭발하여 실명하게 된 수백 명의 지뢰 피해 아동들을 수술해 주었다. 끔찍하고도 가슴이 미어지게 아픈 일이었

1989년, 지노 스트라다 박사는 아프가니스탄 국경에서 멀지 않은
서남 파키스탄의 퀘타 지역을 처음 방문했다.
퀘타는 전쟁으로 인한 대량학살 지역이었다.

다. 그 아이들을 치료하며 지노 스트라다 박사는 스스로에게 많은 질문을 던지기 시작했다. '도대체 이 전쟁에서 사상자는 누구인가?' 그것이 가장 중요한 질문이었다.

1차 세계대전에서 대량학살 대부분은 전쟁터에서만 일어났고 부상자와 사상자는 10%를 약간 웃도는 정도였다. 2차 세계대전 시 피해자 3명 중 2명은 무고한 시민들이었다. 하지만 이제 전쟁의 본질이 변했다. 20세기 초에는 10명 중 1명이었던 일반인 희생자가, 마침내 9명으로 늘었다. 특히 9명의 피해자 중 3명은 아동이다. 대량학살 지역인 퀘타, 그가 나중에 일했던 전쟁터의 병원들에서도 예외는 없었다. 계속된 분쟁으로 인하여 이제 적의 의미가 바뀐 것이다. 평화로웠던 '마을'들은 전쟁의 '최전선'으로, 사람들의 '집'은 '전쟁 참호'로 바뀌었으며, '무고한 시민'이 '주 사상자'가 되어버린 것이다. 그는 자신이 꼭 필요한 곳은 무고한 생명들이 속수무책으로 죽어가는 바로 이곳임을 받아들였다.

지노 스트라다가 '전쟁 전략' 중 적국의 '어린이'를 목표로 삼는 전략이 있다는 것을 받아들이는 데는 꽤 많은 시간이 필요했다. 특히 '지뢰'라는 무기는 아이들이 죽음에 이르지 않고 무서운 고통만을 겪다가 끝내 가족과 사회에 끔찍한 짐이 되도록 고안되었다. 지노 스트라다 박사는 보스니아의 수도 사라예보의 도로인 이른바 '저격병의 길(Sniper Alley)'이라는 곳을 잊을 수 없다. 그가 병원에 출근하려면 거쳐야 하는 길이었는데, 희생당한 사람 대부분이 그 길에서 허무하게 실려 왔다. 마지막에 실려 온 것은 금발의 남자아이로, 이마 한가운데에 탄환이 명중하였다. 이미 출혈은 멎었고 매서운 추위 때문인지 머리카락에 묻은 피마저 얼어붙어 있었다. 남자아이는 병원에서

1km도 떨어지지 않은 눈 위에서 놀고 있다가 저격 당했다. 작은 몸으로 나무판자를 끌며 언덕으로 올라가 즉석 썰매를 만들고, 그 위에서 탄성을 지르며 신나게 미끄러지는 놀이에 빠져있었을 것이다. 천진했던 소년, 그 아이는 단 한 발의 총알에 생명을 잃었다.

이렇듯 전쟁은 상대가 누구든 상관하지 않고 사람을 죽인다. 적에 대하여, 적이 상징하는 것과 가지고 있는 것을 향하여 대포를 겨누고 형체를 없애버린다. 그러나 이 '저격병의 전쟁'은 정말 수상하고, 단순하지 않다. 적의 임무는 수백 명의 희생자를 내는 게 아니었다. 간단하지만 정확한 소총이라는 무기는 언제나 한 발에 한 사람을 죽인다. 저격병의 전쟁에는 총알보다 훨씬 무서운 무언가가 있었다. 총에 달린 조준경을 통하면, 금발의 남자아이는 바로 코앞에 있는 것처럼 아주 크게 볼 수 있다. 소복하게 쌓인 눈 위를 뒹굴며 뛰노는 모습과 찡그린 표정까지 자세하게 볼 수 있을 텐데…. 해맑은 어린아이가 진정으로 적이란 말인가. 무기라고는 썰매 대신 탔던 나무판자밖에 가진 게 없는 아이가….

저격병의 조준경이 군대의 진격을 포착하는 일은 없었다. 그들은 어린아이의 얼굴을 특히 노렸던 것 같다. '어린아이'라는 '적'은 누군가 자신을 훔쳐보고 있다는 것도, 자신의 이마가 조준경의 십자망선에 딱 들어맞을 때까지 총구가 천천히 움직이고 있다는 것도 전혀 눈치 채지 못했을 것이다. 남자아이는 적이 방아쇠를 당길 때조차 환하게 웃고 있었을지도 모른다. '저격병의 길'은 영어로 'Sniper's Road'인데, 이것은 도요새(Snipe) 사냥처럼 '보이지 않는 곳에서 겨누어 쏜다'는 뜻이다. 하지만 만약 새 한 마리가 자신을 향해 활짝 웃음을 날린다면, 과연 방아쇠를 당길 수 있을까? 사람이 사람에게 과연 그럴 수 있는 것인가?

지노 스트라다 박사는 사라예보의 칠흑같이 어두운 방에서 저격병을 인터뷰한 적이 있었다. 여자였다. 그 여자에게 여섯 살밖에 안 된 남자아이에게 왜 총을 겨누었냐고 물었다.

"20년이 지나면 걔는 스물여섯 살이 돼요. 그러면 똑같이 적군의 병사가 된단 말이에요…"

이것은 통역을 거친 대답이었다. 추위가 한층 기승을 부리는 날이라 그런지 지노 스트라다 박사는 마음이 더 추워지는 것 같았다. 인터뷰는 거기서 끝났고, 더는 질문을 할 수 없었다. 이제 전쟁의 본질은 완전히 변했다. 싸움과 무관한 무고한 희생자들이 늘고 있다. 고통 받는 사람들에게 어떻게든 도움을 줘야겠다는 생각으로 전쟁터에 남았다. 그것이 그가 전쟁터의 외과의사가 된 단순하고도 자명한 이유였다.

3. 초록빛 앵무새, 비록 철수는 하지만 군은 아직 그 땅에

"…저공비행하는 헬리콥터에서 수천 개씩 뿌려대요. 병원에서 일하는 운전사, 압둘라 아들이 작년에 그걸 주워 가지고 놀다가 손가락 두 개를 잃고 눈까지 멀어버렸어요."

아프간에는 지뢰가 조약돌처럼 널려 있고 돌멩이처럼 굴러다닌다. 러시아제 대인지뢰 PFM-1형을 마치 홍행 전단지 뿌려대듯이, 하늘 위에서 마을을 향해 떨어뜨린 결과다. 지뢰 양옆에 두 장의 날개가 붙어있는 것은 바람을 타고 잘 날기 위한 것이었다. 헬리콥터에서 뿌려도 수직으로 곧장 떨어지지 않고 마치 전단을 살포한 것처럼 여기저기로 광범위하게 흩날리면서 떨어진다. 어린이들은 이 장난감처럼 생긴 지뢰를 무심코 주워 갖고 놀다가 팔다리를 잃고 시력을 잃는다.

지노 스트라다 박사가 지금껏 이 지뢰 때문에 수술한 부상자 중에 어른은 없었다. 예외 없이 모두가 어린아이였다. 이런 지뢰는 즉각적으로 폭발하는 게 아니라 짓밟아도 작동하지 않는 것이 많다. 폭발하는 데 조금 시간이 걸리는 것이다. 지뢰 설명서에 나와 있는 것처럼 계속해서 손으로 만지작거리고 날개를 누르면 결국 작동하게 된다. 지뢰를 주운 아이가 집으로 가지고 돌아가 마당에서 이 흥미진진한 물건을 친구들에게 보여주며 서로 돌려가면서 해맑게 놀 때 말이다.

그리고 마침내 폭발….

아프간 노인이 퀘타 병원의 긴급 외래로 여섯 살짜리 남자아이를 데리고 온 적이 있었다. 아들 칼릴이었다. 칼릴은 얼굴, 손 할 것 없이, 아직 남아 있는 신체 부위 전부가 붕대로 칭칭 감겨 있었다. 아이는 폭발에 그을린 셔츠를 입은 채 꼼짝 않고 옆으로 누워있었다. 누군가가 지혈을 위해 붕대 대신

한쪽 소매를 찢어서 오른쪽 팔을 꼭 붙잡아 매 놓았다. 러시아 군인들이 마을에 살포한 장난감 지뢰가 폭발해서 다친 것이었다. 이 비현실적인 장면에 지노 스트라다 박사는 마치 TV에 나오는 반전 광고라도 보는 느낌이었다. 아이는 움직이기는커녕 외마디 신음조차 지르지 않고 있었다. 수술실에서 붕대를 풀어보니 오른쪽 팔은 형편없이 잘려나가 심하게 훼손된 살덩어리만 남아있었고, 왼손은 손가락 세 개가 엉망진창으로 못쓰게 되어 있었다. 수류탄을 손에 쥔 채 터지기라도 한 걸까.

칼릴처럼 다친 또 다른 어린아이가 병원에 온 것은 사흘 뒤였다. 수술실을 나올 때 간호사가 그에게 폭발에 그을린 검푸른 색 플라스틱 파편을 보여주었다.

"이게 장난감 지뢰의 파편이에요. 폭발 장소에서 가져왔다고 하는데, 아프간 노인들은 이걸 '초록빛 앵무새(Green Parrot)'라고 불러요…."

지노 스트라다 박사는 지뢰의 생김새를 그려 보았다. 길이는 약 10cm 남짓으로 날개가 두 장, 한가운데에는 작은 실린더가 들어 있었다. 앵무새보다는 '나비'를 더 닮은 모습이었는데, 손에 들고 있는 파편이 어느 부분인지도 훤히 알 수 있었다. 날개의 끄트머리였다.

장난감 지뢰는 어린아이의 손과 발에 상해를 입히기 위해 고안되었다. 그는 이해하기가 힘들었고 믿고 싶지도 않았다. 그러나 지노 스트라다 박사는 이후에도 전 세계에서 수많은 '칼릴'을 만나게 되었다. 가지고 놀던 지뢰가 터져 한쪽 팔 혹은 두 팔을 모두 절단하고, 흉부 전체 화상 그리고 눈까지 멀게 되었던 아이들…. 그는 수술 후 눈을 뜨고 나서야 자신의 팔다리가 없어졌다는 걸, 더는 앞을 볼 수 없다는 걸 알게 되는 어린아이들을 수없이 보아

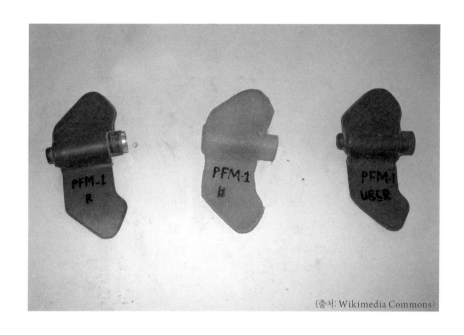

(출처: Wikimedia Commons)

지뢰는 계속해서 손으로 만지작거리고
날개를 누르면 결국 작동하게 된다.
지뢰를 주운 아이가 집으로 가지고 돌아가
마당에서 이 흥미진진한 물건을 친구들에게 보여주며
서로 돌려가면서 해맑게 놀 때 말이다.
그리고 마침내 폭발….

왔다. 비극의 시작이었다. 어둠 속에서 눈을 뜨는 것만큼이나 참기 힘든 일이 있을까. 초록빛 앵무새는 어린아이들을 영원한 어둠 속으로 끌고 가버린다.

대체 무엇이 인간에게 폭력을 떠올리게 하고 실행에 옮길 것을 부추기는 가. 아프가니스탄의 하늘에서 떨어지는 초록빛 앵무새는 이성이라고는 손톱만치도 없는 광기로 가득 찬 것들이다. 지노 스트라다 박사는 이 모든 것이 증오할 수밖에 없는 현실임을 깨달으면서, 실력 좋고 창조력 있는 엔지니어가 PFM-1을 디자인하기 위해 책상에 앉아 설계도에 줄 긋는 모습을 가끔 상상해 보았다.

화학자가 폭발의 자세한 메커니즘을 결정하고, 마지막으로 이 프로젝트를 맡은 것에 만족해야 하며 관리와 사용 인가를 내리는 정치가, 그리고 이것을 매일 수천 개씩 만들어내는 공장 노동자. 이것은 유감스럽게도 허상이 아니라 모든 것이 진실에 가깝다. 우리와 같은 얼굴을 한 인간들…. 틀림없이 아침에는 아이들을 학교까지 바래다주고, 길 건널 때는 위험하지 않게 손잡아주며, 외국 사람한테는 가까이 가지 말라든가 모르는 사람한테 사탕이나 장난감을 덥석 받아선 안 된다고 말하는 사람들…. 그들은 일터에 나가면 자신이 하는 일에 정성을 쏟아 지뢰가 제대로 기능하고 있는지, 다른 나라 아이들이 속임수를 눈치채지는 않았는지, 얼마나 많이 주워 갔는지를 확인할 것이다. '더 많은 아이들이 팔다리를 잃으면, 시력까지 잃게 된다면 적들은 괴로워하고 두려워하겠지…. 오랜 세월에 걸쳐 불행한 아이들이 늘면 늘수록 적은 큰 타격을 받고 굴욕감에 치를 떨며 가책을 받을 것'이라고 생각하면서.

이런 끔찍한 짓들이 마천루가 솟아있는 문명의 틈바구니 속에서 기획되고 있다. 지노 스트라다 박사는 군이 철수된 이후에도 남아있는 이 초록빛 앵무새의 희생자들을 전 세계에 알려야겠다고 생각했다. 외과의사인 그가 지뢰 생산 금지 캠페인에 앞장서게 된 까닭이다.

4. 비현실적인 킬링필드의 난민 캠프에서

"말라리아와 결핵 환자, 손발을 잃은 환자, 죽을 때가 된 노인 그리고 바로 옆에는 막 출산한 여자도 있었다."

〈킬링필드(Killing Field)〉 학살의 황야…. 1972년 캄보디아의 내전을 취재하기 위해 프놈펜에 도착한 뉴욕타임즈 지의 특파원 이야기를 다룬 영화다. 영화의 주인공이자 저널리스트 겸 가이드인 '프랜'은 크메르루주군에 붙잡히고 각고의 노력으로 탈출을 하여 킬링필드를 지나 태국의 난민촌으로 탈출한다. 지노 스트라다 박사는 주인공 '프랜'이 학살의 황야를 도망쳐 나와 마지막으로 도착하게 되는 곳이 국제적십자(ICRC) 병원이었던 것을 어렴풋이 기억하고 있었다. 그리고 많은 시간이 흐른 후, 우연인지 필연인지 그는 영화에 나왔던 바로 그 병원에서 1990년부터 일하게 되었다. 태국과 캄보디아의 국경에 위치한 카오이당의 국제적십자 병원이었다.

마을 이름은 카오이당, 태국과 캄보디아 국경에 위치하고 있었다. 카오이당은 캄보디아인 망명자들의 마을로 1990년 당시에는 대부분 '크메르 루주'를 의미했다. 그들은 폴 포트의 신봉자로서 권력에서 밀려났다고는 하지만, 여전히 국경선의 난민 캠프를 군사력으로 통제하고 있었다. 난민 캠프의 가 건물은 철조망에서 20m지점까지 다가가지 않으면 거의 보이지 않았다.

캠프 A에는 7만 5천 명, 캠프 B에는 13만 명…. 이들은 새로운 킬링필드의 망령들이다. 난민 캠프는 그곳을 통제하는 자의 입장에서 본다면 권력의 원천이기도 하고, 일종의 보호막이 될 수도 있다. 난민은 그저 '인질'인 동시에 '방패'이며, 또한 국제 원조 자금을 끌어들일 수 있는 '미끼'이기도 했다. 그들은 많은 것들을 가져다줄 귀중한 포로들을 그냥 풀어줄 수 없는 것이다.

카오이당에 캄보디아 내전으로 다친 환자를 돌보는 국제적십자 병원이 있었다. 난민 캠프가 시작되는 곳에서 2백 미터쯤 떨어진 곳에 병원이 위치하고 있었는데, 병원의 출입구 역시 태국 군에 의해 통제되었다. 처음 이 병원을 방문하였을 때, 지노 스트라다 박사는 영화 '킬링필드'가 떠오르며 왠지 이상한 기분이 들었다. 마치 병원 위쪽 언덕에 있는 숲 속에서 맨발에 피투성이가 된 또 다른 '프램'이 공포로부터 도망쳐 미래의 희망을 찾아서 뛰쳐나올 것만 같았다.

그날 밤 숲 속에서는 아무도 나타나지 않았다. 그러나 지노 스트라다 박사는 난민 캠프 속 수많은 프램들을 머릿속에서 지울 수 없었다. 얼마나 많은 '프램'이 굶주림에 지쳐서, 말라리아에 걸린 쇠약해진 몸을 이끌고 저 언덕을 넘으려고 할까. 그리고 얼마나 많은 사람들이 칼라쉬니코프 소총을 가진 크메르 루주 잔당들에게 불시에 습격당해 살해될까. 아편에 취해서 학살의 욕망을 주체하지 못하는 어린 병사들은 주저 없이 방아쇠를 당길 수도 있다.

예상했던대로 병원의 현실은 이루 말할 수 없을 정도로 열악했다. 병원 안에는 벽이 별로 없어서 대나무로 병실 칸막이를 대신했다. 카오이당은 부상자로 넘쳐났다. 대부분은 손발이 없는 젊은이들이었고, 어린아이들도 많았다. 어마어마한 지뢰가 묻혀 있는 캄보디아. 세계 누구나 인정하는 서러운 캄보디아에서는 230명 중 한 사람이 지뢰에 의한 사고로 한쪽 다리 혹은 두 다리를 잃었다.

그럼에도 불구하고 사람들은 학살을 피해 난민 캠프에서 병원으로 도망쳐 나온다. 그나마 병원으로 옮겨진 환자들은 역설적이게도 특권을 얻은 사람들이었다. 병원은 난민 캠프보다야 훨씬 안정된 곳이기 때문이다. 지뢰 파편에 맞아 두 동강이 나다시피 하여 과다 출혈로 초주검이 된 채 병원에 실려 왔더라도, 한 달이 지나면 병원 입구 벤치에 앉아 새로운 부상자를 실어 나르는 구급차의 왕래를 바라볼 수 있기 때문이었다.

환자들은 퇴원을 하면 다시 철조망으로 둘러싸인 난민 캠프로 돌아가야 한다. 난민 캠프 안에서는 폭력 사태가 속출하고 있었으며, 그 어떤 권리도 존재하지 않았다. 아무것도 못 들은 척하며 입을 다물고 있는 게 최선이었다. "틀렸어, 그건 잘못됐어!"라든가 "싫어!" 한 마디 때문에 한밤중에 머리에 총알이 박히거나 침대 위에서 목이 잘리기도 했으니까. 그에 반해 병원의 환자들은 '특권자'로서 크메르 루주가 아닌, 태국 군의 감시를 받으며 동물원 같은 곳에서 지낼 수 있었다. 누구도 영화에서처럼 이 지옥 같은 곳을 탈출하여 뉴욕을 볼 일은 없을 것이며, '프램'과 같이 유명해질 일도 없을 것이다.[2] 그저 고통과 절망, 폭력 속에서 겨우 목숨을 붙들고 있었다.

이후 일하게 된 아프리카 앙골라 쿠이토의 난민 캠프도 사정은 마찬가지였다. 인간다운 삶이 불가능한 곳이었다. 쿠이토에는 폭탄에 맞아 파괴된 집들에서 7만 명이 살고 있었다. 하늘 위에서도 간신히 폭격을 면한 지붕을 셀 수 있을 정도로 마을은 파괴되어 있었다. 앙골라 중앙부에 위치한 쿠이토는 오랫동안 앙골라해방인민운동(MPLA)와 앙골라전면독립민족동행(UNITA) 두 세력이 격렬하게 싸웠던 곳으로 모든 건물이 처참하게 주저앉아 있었다.

지노 스트라다 박사는 쿠이토 거리를 걷고 있던 한 날을 기억한다. 마치 블록버스터 재난 영화에서나 볼법한 기괴한 광경 속을 자신이 걷고 있었던 것이다. 전신주는 구부러져 있거나 아예 뽑혀 있고, 거리는 박격포 구멍투성이였으며, 건물은 대나무가 쪼개지듯 수직으로 갈라져 있었다. 벽이란 벽은 총탄으로 구멍이 나 있었다. 그곳에 사람이 남아 있지 않았다면, 그 모든 것

---

2) *캄보디아 내전 - 1975년 론놀 친미 정권이 붕괴된 후, 폴 포트(Pol Pot) 파(크메르루주 / Khmer Rouge), 시아누크파, 헹 삼린 파가 뒤얽힌 내전이 계속되었다. 1991년 10월 『캄보디아 분쟁의 포괄적인 정치 해결에 관한 협정서』(파리평화협정)가 체결되고, UN 캄보디아 잠정행정기구 아래에서 국가 체제 정비가 진행되었다. 1997년 양대 정당 계열의 군대가 충돌하여 훈 센 제2수

이 추상화 혹은 변칙적인 콜라주로 착각할 정도로 처참했다. 폐허 틈 사이로 이불과 컬러풀한 어린아이 옷이 널려 있고, 아이들은 때때로 신기한 듯한 얼굴로 내다보면서 지노 스트라다 박사 일행에게 인사로 응해 주었다.

그는 차마 병원이라고 말할 수 없는 건물에 발을 들여놓아야 했다. 무너져 내리기 시작한 3층 건물로, 속이 메슥거릴 정도로 불결한 방에는 빛이 통하지 않는 비닐 시트가 걸려 있었다. 마루에 깐 골판지와 악취를 내뿜는 담요 위에는 병든 사람과 부상자가 누워있고 파리 떼가 꼬여 있었다. 말라리아와 결핵 환자, 손발을 잃은 환자, 죽을 때가 된 노인 그리고 바로 옆에는 막 출산한 여자도 있었다. 구석에는 한쪽 다리를 잃은 남자아이가 있었는데 허벅지에 동여맨, 피와 누런 고름이 스며든 붕대를 손으로 누르고 있었다. 의사도 없고 약도 구할 수 없으니 그들은 죽음을 기다릴 수밖에 없었다. 무심코 뒤를 돌아보았다. 모든 풍경은 믿기 어려울 정도로 비현실적이었다.

'이 불행한 사람들을 옮겨 갈 사체 매장인이 와 있기라도 한 걸까. 그들은 이 방에서 잠자코 괴로워하고 배변을 하고 있었다. 사람과 집들의 잔해 속에서…'

근처의 난민 캠프를 찾아갔다. 수백 개가 넘는 하얀 텐트 사이를 아이들이 뛰며 돌아다니고 있었다. 포격을 피해 만 명이 넘는 사람들이 남부에서 몰려들었다고 했다. 주변에 널린 무수한 지뢰 매설 지역을 통과하여 수백 킬로미터에 걸친 고된 길을 걸어와 난민 캠프에 도착한 이들이었다. 그나마 그들은 어떻게든 끝까지 이뤄낸 셈이다. 많은 사람들이 이 캠프로 오는 도중에 목숨을 잃었을 것이다. 어떤 사람들은 손발을 잃었다. 과연 어느 쪽이 더 불행하다고 할 수 있을까? 가늠하기 어려웠다.

상이 이끄는 이민당 세력이 캄보디아 전역을 제압하였다. 1998년 국제 감시단이 지켜보는 가운데 총선거가 실시되어 인민당과 푼신펙 당 연립으로 훈센 신정권이 수립되었다. 같은 해 UN 대표권을 회복하고, 이듬해에는 ASEAN에도 가맹하였다.

난민들은 쿠이토에서 '재활 센터'라고 불리는 장소에 수용되었다. 도대체 누가 이 무너져 내리는 곳에 그런 거창한 이름을 붙였을까. 한가운데에서 불타는 큰 모닥불 연기에 검게 그을린 50여 명이 벽에 등을 기대고 있을 뿐인데…. 손발이 없는 자는 모두 이곳에 모여 있어서 누군가가 매일 먹을 것을 가져다주어야만 했다. 그들은 마루에 범벅이 된 오줌과 쓰레기 사이를 그림자가 스쳐 지나가듯 기어 다니고 있을 뿐이었다. 그들은 언제까지 이렇게 지내야 한단 말인가! 도저히 동시대에서 벌어지고 있는 일이라고는 믿겨지지 않는 이 상황을 극복하기 위해 우리 세계인들은 무슨 일이든 해야 하지 않을까? 그게 인간된 도리이지 않을까?

5. 전쟁 외과의사는 소방관, 경찰관과 다를 게 없다

"전쟁 외과의? 그게 구체적으로 뭘 하는 직업이야?" 이것은 지노 스트라다 박사가 많은 사람들로부터 '반드시' 듣게 되는 질문이다. 우선 그는 군인이 아니고, 군대를 싫어하는 것은 아니지만 그들을 위해 일하는 것도 아니라고 설명한다. 그 역시 자신의 직업이 평범한 것은 아니라고 생각한다. 그러나 그 누구에게나, 세계에서 일어나고 있는 일들과 신문을 가득 메운 사실을 말한다면, 그 직업이 그리 별나지도 않다는 걸 알게 될 것이다. 그는 그저 내전 지역의 피해자들을 돌보다 보니 전쟁 외과의가 되었다고 말한다.

"제가 처음부터 내전현장의 외과의사가 되려 했던 것은 아닙니다. 내게 특별한 동기가 있던 것도 아닙니다. 그저 전쟁에서 피해를 당한 사람들을 돌보고 싶었을 뿐입니다. 1989년 국제적십자위원회(ICRC) 소속 외과의사로 파키스탄에서 봉사한 것이 계기가 되어 1990년에는 아프간, 지부티 등지에서 활동하기 시작했습니다."

매년 지구촌을 황폐하게 만드는 크고 작은 전쟁의 숫자와 그 소용돌이 속에 휘말린 가난하고 불행한 사람들의 숫자를 열거한다면, 조금이나마 도움이 되고 싶은 마음을 훨씬 잘 이해될 것이다. 사람들의 마지막 질문은 대개 이렇게 날아온다.

"알겠네. 확실히 필요하겠구먼. 하지만 어째서 당신이 그걸 하는 것이지?"

머리가 이상하지 않고서는 그와 같은 일을 할 리가 만무하다는 것이다. 지노 스트라다 박사는 주변 사람들이나 친구들의 말뜻을 잘 알고 있다. 오히려 거푸 질문을 받거나 자신의 일에 관해 함부로 지껄이는 걸 들으면 그 역시 '진짜 대답'을 찾게 된다. 그는 이 일이 '좋다.' 아니, 이보다 더 좋아할 만한 일이 세상에 있다고는 생각할 수조차 없다. 그 때문에 이 일을 하는 것이다.

그는 새롭게 닥치는 곤경과 예기치 않은 문제에 직면하는 것을 좋아한다. 다양한 조건 아래에서 하는 일은 대부분 복잡하고 위험이 뒤따르긴 하지만 언제나 자극적이고 마음에 든다. 혹 오해를 사거나 신사인 체하는 속물이라고 비난 받고 싶지 않다. 결국 게임인지도 모른다. 체스나 카드놀이 같은 것, 단지 좋아하기 때문에 제한 없이 하는 자유로운 활동 말이다. 그는 게임에서 승리하는 것이 좋듯이, 어려운 일을 극복하고 이겨내는 것이 보람되다고 생각한다. 그게 이 위험한 일을 하는 진짜 이유다.

불가능한 것처럼 보일 때나 사방이 모두 막혀 버린 것처럼 보일 때도, 그저 하면 되었다. 절망적인 상황에서도 도움이 되는 무언가를 이룰 수 있다고 증명해 보이는 것이다. 도전을 받아들이고 곤경에 맞서면서 결국 자신의 힘을 시험해 본다. 모든 것을 잃은 사람들에게 '희망'을 보여주는 것, 이것은 특수한 도전이라고 말할 수 있다. 많은 일들이 얽혀 있고, 극복해야 할 일도 많다. 한 고비를 이겨냈다고 하더라도 게임을 계속해 나가는 것이 중요하다. 한 게임이 끝나면 곧바로 그다음 게임이 시작된다. 지치지 않고 포기하지 않고 희망을 만들어 나가는 것, 그것이 전쟁터 외과의사의 일상이자 사명이다. 전쟁터에서 대역은 없으니까….

도전으로 점철된 지노 스트라다 박사의 삶은 '전쟁터의 인권'을 조금씩 향상시켰다. '인권'이라는 것은 사람들에게 곧잘 화제가 되나 추상적인 개념으로 논의될 때가 대부분이다. 사실 21세기인 지금도 전쟁터에서는 기본적인 인권이 지켜지지 않는다. '상처를 입거나 병에 걸리면 치료를 받을 수 있어야 한다'는 기본적인 인권이 여전히 전쟁이라는 게임 룰에 의해 아무렇게나 짓밟히고 있는 것이다. 전 세계 전쟁터에는 뚜렷한 룰이 없다. 의사도 없고 약도 없다. 간신히 구한 것마저도 군대와 군인을 위해 독점되고 빼앗기고 만다. 그는 이런 현실에 분노했다. '당연한 것은 없다. 전쟁터에서도 인권은 지켜져야 하고, 누군가는 그 역할을 해야 한다.' 그가 전쟁터를 떠날 수 없는 이유다.

그는 자신이 하고 있는 것은 "제한된 힘과 자금으로 할 수 있는 것일 뿐"이라고 강조한다. 말하자면 큰 바다에 떨어지는 한 방울의 물에 지나지 않는다는 것이다. 수요는 엄청나게 많지만 활동은 턱없이 부족하다. 그는 매일매일 이런 사실을 목격하고 있다. 사기가 떨어지거나 욕구 불만에 화가 날 때도 많고, 때로는 모든 것을 포기하고 싶을 때도 있다. 하지만 누군가와 악수를 하고, 엄마가 웃는 얼굴을 되찾고, 어린아이가 다시 뛰놀 수 있게 된다면, 또 어김없이 밤이 되어 피곤이 몰려와도 하루가 헛되지 않았음을 깨달으면서 다시 새롭게 시작할 수 있었다.

비록 한 방울의 물일망정 있는 편이 낫다고 생각한다. 없다면 세계의 사태는 훨씬 더 혹독할 테니까. 미사여구도 아니고 복잡하게 뒤얽힌 보편적인 의미도 아니다. 그런 건 도움이 안 되고 아무 관계도 없다. 이것은 단순한 일이다. 전쟁 외과의는 소방수와 경찰관, 빵집 주인과 다를 게 없다. 누군가 먼저 시작하지 않으면 안 되고, 그렇게 해서 비로소 일이 되고 직업이 되어간다는 면에서 말이다. 일이 되고 직업이 되고 고용이 계속 되었을 때 존엄과 보수도 얻게 되고 질 높은 시술이 가능해지고 전문적이라고 말할 수 있을 것이다.

전쟁터에서의 외과 의료는 결코 모험이나 즉흥의 범주에 들어가지 않는다. 욕구나 감동이나 관용만으로도 부족하다. 환자에게 실질적인 '도움'이 되지 않으면 아무런 의미가 없다. 사실 이 일은 고된 일이다. 귀를 기울이는 '겸

허함'과 확신이 없더라도 맞설 수 있는 '정신력'을 단련하면서 하루하루 현장에서 배워나가는 것밖에 별다른 도리가 없다. 헌신적인 의사들도 전쟁 지역에서 몇 달 이상을 버티지 못한다. 하지만 그는 28년간을 버텨왔다. 불 난 곳에 소방관이 꼭 필요하듯이 전쟁터에는 의사가 꼭 필요하기 때문이다. 험한 일이지만 누군가 꼭 해야 한다면 그건 다른 누군가가 아니라 바로 자신이어야 한다는 소명의식을 운명처럼 느끼기 때문이다.

6. 선택, '뜨리아주(Triage)'

'맨 처음, 누구부터 수술실로 데려갈 것인가?'

'뜨리아주(Triage)'라는 전문용어가 있다. 프랑스어로 '선택', '선별'이라는 뜻이다. 전쟁이나 분쟁 지역은 도시에 흔히 있는 병원과는 상황이 다르다. 도시에서는 교통사고가 나서 병원으로 옮겨지면, 한 명의 환자는 보통 둘 내지 세 사람의 의사에게 진찰을 받는다. 그러나 전쟁터 상황은 전혀 다르다. 죽음의 수렁 속에서 도움을 청하는 부상자가 차고 넘치는데도, 구원의 손길을 잡기는 매우 어렵다. 전쟁터에서는 대부분 한 명의 외과의사가 혼자서 수십 명의 환자를 대해야 된다. 그래서 먼저 치료할 환자와 나중에 치료할 환자를 선별하는 '뜨리아주(triage)'가 필요하다.

의사가 인간의 생과 사를 가르는 선택을 해야 하는 것이다. 위급한 상황임에도 몇 시간이고 무작정 기다릴 것을 '선고'해야 하는 것은 매우 힘든 일이다. 때로는 선별 자체가 환자를 '정신적인 충격'에 빠뜨리기도 하기 때문이다. 야전병원에서는 컴퓨터 화면으로 환자 명부와 데이터를 서로 대조해가며 환자를 선택하는 게 아니라, 고통으로 일그러진 수많은 얼굴과 울며 간청하는 사람들과 눈을 마주치면서 그들의 팔에 펜으로 '2'라고 쓸 수밖에 없다. '2'는 '대기가 필요하다'라는 뜻의 은어. 2는 순위가 밀렸다는 의미지만, 한편 가망이 없다는 의미도 내포돼 있다. 누군가는 죽을 수밖에 없다고 결정하는 것, 아니 죽을 사람을 결정하는 것은 바로 의사인 지노 스트라다 박사다. 그게 어쩔 수 없는 일인 줄 알기 때문에 그 역시 한없이 마음이 아프다.

전쟁터에서는 '병세가 중한 사람이 우선'이라는 원칙은 아무런 의미가 없다. 가망이 없는 환자를 몇 시간에 걸쳐 수술하는 것은 용납되지 않는다. 힘을 빼는 일이고, 시간과 에너지가 낭비되는 일이다. 그리고 무엇보다도 그 사

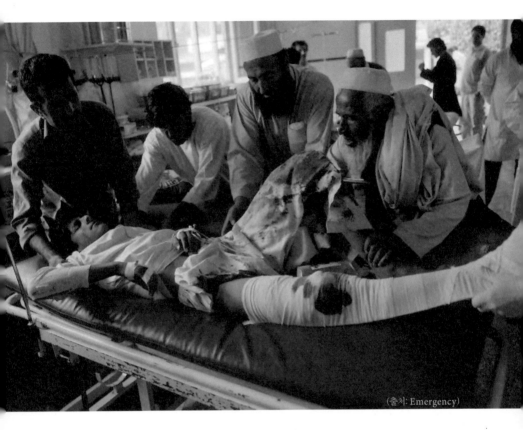

(출처: Emergency)

외과의사는 대부분 혼자서 수십 명의 환자를 대해야 된다.
그래서 먼저 치료할 환자와 나중에 치료할 환자를 선별하는 '뜨리아주'가 필요하다.
누군가에게는 몇 시간이고 기다려야 한다는 걸 뻔히 알면서도
무작정 기다릴 것을 '선고'해야 하는 것은 힘든 선택이다.

이에 먼저 수술하면 살릴 수도 있는 다른 환자들이 죽을 수도 있기 때문이다. 그래서 이성적인 태도를 유지하는 게 중요하다. 지노 스트라다 박사는 매번 '이게 최선의 선택이다'라고 자신을 납득시키기 위해 자주 되뇌었다. 하지만 언제나 뜨리아주는 너무나 어려웠다. 의문과 양심의 가책 그리고 무력감으로 인해 자책하는 일도 많았다.

오래전 아프간 카불에서, 오스트레일리아인 수간호사 마가렛이 지노 스트라다 박사의 팔을 붙잡고 긴급한 상황에서 이렇게 간청한 적이 있었다.

"이리 와 봐요, 마당에 부상자가 벌써 백 명이나 되요. 얼른 '뜨리아주'를 해줘요…"

아프간 무장 게릴라 조직인 무자헤딘 병사들이 많이 포함된 상황이었다. 그들은 병원을 사정거리 안에 둔 무리들로, 지노 스트라다 박사는 갑자기 공포와 분노가 뒤섞인 몹시 불쾌한 생각이 들었다. 갑자기 기관총과 박격포 공격에 조준된 채 일했던 중압감이 치밀어 올랐다. 복부에 총알이 박힌 무자헤딘을 보면서 분노를 억누를 수가 없었다. 그는 의사로서 해야 할 도리를 지켜야 할 때임에도 불구하고 가슴속이 혼란한 감정과 흥분으로 가득 채워졌다. 무자헤딘에 대한 연민의 감정은 눈곱만치도 들지 않았던 것이다.

"마가렛, '뜨리아주(triage)'는 끝났어. 아이들과 여자들이 우선이야!"

"뭐, 뭐라고요?"

"아이들과 여자들이 먼저야. 문제가 있으면 '뜨리아주(triage)'는 다른 사람한테 부탁하고!"

지노 스트라다 박사는 수간호사에게 그렇게 내뱉고, 대답도 듣지 않은 채 수술실로 갔다. 그 후 얼마 동안 지노 스트라다 박사는 그날의 선택에 대해 몇 번이나 다시 생각해보았다. 의사 윤리에도 어긋나고, 이성적인 태도도 아니었던 그날의 선택. 하지만 누군가가 다시 묻는다고 해도 그중에서 죄가 없는 사람은 아이들과 여자들뿐이었다. 그들은 폭력의 피해자에 불과했다.

전쟁하는 자와 사람을 죽이려고 총을 쏘는 자는 자신의 복부에도 총알이 관통할 수 있다는 걸 염두에 두어야 한다고 생각했다. 30분 전까지만 해도 병원을 향해 총을 겨누고 있던 자를, 어떻게 먼저 수술해야 한단 말인가. 결국 그가 한 일은 복수와도 같은 것으로, 의사가 공소를 인정하지 않는 무자비한 재판관으로 변했던 순간이었다. 스스로조차 놀랐던 그 선택은 의사라는 직업과는 거리가 먼 판단이었기에 오래도록 그의 뇌리에 남았다.

실제로 많은 분쟁에서 누가 누구와 싸우고 있는지와 상관없이 결과는 항상 같다. 민간인의 비극적인 죽음과 끔찍한 파괴뿐이다. 매일같이 이 무서운 진리와 대면하면서 지노 스트라다 박사는 죄 없는 사람들이 무참히 죽게 만드는 이 비정상적인 전쟁이라는 관행을 속히 폐지해야 한다고 생각했다. 폭력으로 황폐화된 대부분의 국가에서 그 대가를 치르는 사람들은 무고한 여성과 아이들이다. 이날 지노 스트라다 박사의 뜨리아주(triage) 기준은 '환자의 회복 가능성' 여부가 아니라 '누가 이 전쟁의 가해자인가, 피해자인가'였다.

제2장

이머전시(EMERGENCY), 전 세계 비극의 최전선에서

1. 르완다 대학살 속에서 설립된 이머전시

지금 르완다의 거리는 깨끗하고 사람들의 표정은 환하다. 파란 하늘 아래에서는 초록빛 언덕이 넘실거린다. 거리를 메우고 있는 오토바이 운전자들은 대다수 머리에 안전모를 쓰고 있으며, 교통질서도 잘 지킨다. 그러나 지노 스트라다 박사가 경험한 1994년의 르완다 거리는 거대하고 끔찍한 인종 학살이 벌어졌던 참극의 현장이었다.

르완다 대학살은 1994년 4월부터 약 100일 동안 일어난 일이다. 르완다의 후투족 정부군과 용병들은 투치족 80만~100만 명을 살해했고, 이때 200만 명의 난민이 생겨났다. 이 기간 동안 유대인 학살 이후 '인류 최악의 인종 청소'가 벌어졌다. 수많은 어른, 아이들이 목숨을 잃은 이 사건은 20년이 지났지만 깊은 상처가 되었다.

이런 쓰라린 상황 속에서 지노 스트라다 박사는 이머전시(EMERGENCY)를 설립했다. '전쟁의 재앙'에 대한 인식과 고통 받는 사람들에게 도움을 주어야 한다는 일념에서 이 아이디어를 끌어냈다. 이것은 깨달음을 통해 얻은, 즉각적으로 명백하게 필요한 필연적인 행동에 근거한 설립이었다. 오랜 전쟁터의 경험으로 지노 스트라다 박사는 민간인 희생자들을 도우려면 규모가 큰 조직의 관료적 구호보다는 오히려 작고 민첩하며 전문성이 뛰어난 조직이 필요하다는 것을 절감했다. 전쟁 수술 전문가들로 구성된 소규모 국제 팀을 형성했고, 파괴되었던 르완다 키갈리의 '키갈리병원'을 재개하여 집단학살 피해자 치료를 시작했다. 자원은 턱없이 부족했다. 이 열악한 상황에서 아내 테레사 사르티와 몇몇 동료들과 함께 밀라노에 본부를 둔 국제 긴급의료단체, 이머전시가 설립된 것이다.

지노 스트라다 박사는 그 끔찍했던 아비규환 속에서 수술했던 알폰시네

RGENCY

FOR CARDIAC SURGER

ركـــز السـلام

지노 스트라다 박사는 이머전시(EMERGENCY)를 설립했다.
'전쟁의 재앙'에 대한 인식과 고통받는 사람들에게 도움을 주어야 한다는
일념에서 이 아이디어를 끌어냈다.

를 잊지 못한다. 그녀는 열여덟 살, 아니 스무 살쯤 되었을까. 르완다에서는 나이를 모르는 경우가 흔하고, 성인이 되고 사회인이 되는 것을 축하하는 파티도 없다. 다른 여자아이들과 마찬가지로 그녀도 학살 초기에 가족과 함께 키갈리에서 탈출하였다. 몇 달 넘게 숲 속에 숨어 있으면서 짐승처럼 먹을 것을 찾아 밤에만 이리저리 돌아다녔을 것이다. 알폰시네에게 있어서 '대학살'이란 말은 어떤 의미가 있을까? 한 사람, 또 한 사람, 친척과 친구들과 마을 주민들 대부분이 죽음을 겪는 참사를 목격하면서 무슨 생각을 하였을까? 숲에서 나와 언덕을 오르락내리락하면서 집으로 가는 길을 찾고 있을 때, 어떤 공포가 스치듯 지나갔으리라. 그녀를 선두로 여동생, 아버지, 어머니가 길게 일렬로 걷고 있던 중이었고, 거의 꼭대기까지 다 올라갔을 때 강력한 대인지뢰가 터졌고 순식간에 세 명이 쓰러졌다.

키갈리 병원은 폭발 지점에서 5km 정도 떨어진 곳에 있었다. 여동생 안실이 먼저 도착하였다. 열 살쯤 되는 소녀였는데 뇌에 금속 파편이 박혀 있었다. 정신을 잃은 상태로 곧바로 수술실로 옮겨졌다. 지노 스트라다 박사는 급히 응급처치를 했지만, 안실의 두개골에 심한 골절이 있고 뇌에도 금속 파편에 의한 손상이 있어서 처치가 힘든 상황이었다. 한 시간 후, 짚으로 만든 해먹 위에서 피를 듬뿍 머금은 옷가지로 싸인 알폰시네가 도착하였다. 알폰시네의 몸은 거의 두 동강이 난 듯 찢어져서 출혈이 너무 심한 상태였다. 혈압을 수술에 견딜 수 있는 레벨로 유지하기 위해 몇 리터가 넘는 혈액을 정맥에 주입하였고, 옆의 병상에서는 수술 준비가 시작되었다. 알폰시네는 팔앞쪽에 심한 상처가 있었지만, 더 비참한 것은 지뢰 때문에 무릎 위까지 다리가 잘려나간 것이었다. 근육 일부와 옷 조각이 죽처럼 뭉개져 있었고, 양쪽 다리를 다 절단해야 할 수도 있는 상황이었다.

사위가 어둑해지고 있었다. 병원에 전기가 들어오지 않기 때문에 밤에는 일을 할 수 없는 경우가 허다했다. 마침 오스트레일리아 군대가 병원 근처에 캠프를 치고 있었고, 오스트레일리아군의 손전등에 의지해 밤 열 시쯤 간신히 알폰시네의 수술을 마칠 수 있었다. 긴 수술 후 지노 스트라다 박사는 잠시도 쉬지 못하고 먼저 수술한 환자들의 상태를 진찰하러 병실로 향했다. 모두가 위독하고 한시도 마음을 놓을 수 없는 상황이었다. 진찰을 하는 사이 먼저 수술한 안실은 혼수상태에서 깨어나지 못한 채 안타깝게도 숨을 거두고 말았다. 간호사는 언니인 알폰시네도 위독한 상황이라고 전했다. 그러나 알폰시네가 죽을 이유는 없다. 혈액만 넣어 주면 해결될 수 있는 상황이었다.

"혈액이 없습니다."

간호사는 어쩔 수 없다는 듯 두 팔을 벌려 보았다. 알폰시네는 괴로운 듯 간신히 호흡하고 있었고 혈압은 잴 수 없을 정도로 낮았다. 그녀의 침대 옆에 위아래로 두 개의 해먹을 준비하였다. 맨 먼저 해먹 위에 누운 것은 누구에게나 적합한 기증자인 O형의 미셸이었다. UN의 오스트레일리아 파견 대장으로 맘씨 좋고 예쁜 여의사. 그녀의 팔에 관을 통하여 알폰시네의 다치지 않은 쪽 팔과 연결하였다. 혈액은 빠르게 흐르기 시작하였고 잠시 후 미셸이 현기증이 난다고 말할 때까지 수혈을 계속하였다. 그 사이에 오스트레일리아 군인 중에서 O 마이너스형 세 명을 더 찾아 데려왔다. 이른바 직접 수혈이었다. 다행히 알레르기 반응은 없었고 효과는 금세 나타났다. 30분 후에 알폰시네는 차도를 보이기 시작하였다. 되살아나기를 바랐기 때문에 그렇게 보이는 것뿐인지도 몰랐다.

"힘내! 절대로 지면 안 돼!"

"걱정 마세요. 살아날 거예요."

의료진은 마음을 다해 환자를, 또 지친 서로를 격려해 주었다. 지노 스트라다 박사는 그날 간호사 존과 병실에서 밤을 지새웠다. 재수술을 해야 할지도 몰라서였기도 했지만, 더군다나 가엾은 알폰시네를 쓸쓸하고 울적한 병실의 어둠 속에서 혹시라도 혼자 죽게 놔둘 수는 없었기 때문이다. 게다가 병원에 몇 안 되는 르완다인 간호사는 중환자를 진찰할 수 있는 수준도 아니었다. 새벽 5시쯤, 두 시간째 지노 스트라다 박사는 침대 옆에 앉아 의식이 없는 여자아이를 바라보고 있었다.

"오줌이 나온다!"

갑자기 존이 소리를 질렀다. 아주 오랫동안 온 나라 사람들이 한결같이 비가 내리기를 바라듯이, 요도관에 연결한 플라스틱 튜브를 손으로 받치면서 신기한 듯 바라보고 있었다. 좋은 징조였다. 두 사람은 기분도 밝아지고 피곤이 조금은 씻겨 나간 느낌이었다. 정오가 다 된 무렵, 알폰시네는 눈을 떴다. 곧이어 안정을 되찾았고 혈압도 정상으로 돌아왔다. 이틀 후 알폰시네는 위험에서 벗어날 수 있었다.

이머전시는 이렇게 긴박한 아비규환 속에서 잉태되었다. 긴급 상황에서 만들어진 조직이다 보니 체계적인 설립 기획도 없었다. 그야말로 긴급한 필요로 인해 만들어진 작은 조직이었을 뿐이었다. 그 후 어느새 20여 년이 흘렀다. 일을 진행하면서 전 세계에 전문 의료팀을 보내고 전쟁 피해자를 위한 외과 센터들을 지었다. 그 기간 동안 이머전시는 평화, 연대, 인권 존중의 문화를 홍보하고 전쟁, 지뢰 및 빈곤의 희생자들에게 무료로 고품질 의료 및 외과 치료를 제공했다. 참혹한 대학살의 한복판에서 설립된 이머전시, 지노 스트라다 박사는 그 길로 이후 20여 년간 수석 외과의사로서 직접 수술실을 지키고 있다.

2. 이머전시의 세 원칙: 평등, 고품질, 무료

상처 받은 자를 치료하는 것은 관대함나 자비가 아니라, 그저 완료되어야 하는 것이라는 생각이 우선이었다. 처음 이머전시가 첫발을 내딛었을 때는 원칙과 선언이 부재했다. 그저 수술대와 병실에서 이머전시가 출발했다고 보는 게 맞을 것이다. 이후 긴급 의료 구호를 펼치며 세 가지 원칙을 정했다. 바로 '힘없고 가난한 사람들이라면 누구에게나 차별 없이, 수준 높은 치료를, 무상으로 제공'한다는 것이다. 최첨단 의학이 날로 진화하는 지구촌의 한구석에서는 여전히 '돈'이 없어 생을 포기하는 사람들이 수도 없이 널렸다. 이머전시는 치료 받을 권리(right to be cured)가 인간의 기본 인권이라는 생각으로 세 원칙을 정했다.

지노 스트라다 박사는 수술비 걱정에 치료를 거부하는 환자들을 너무 많이 만났다. 그중 페루 아야쿠초에서 만났던 한 노인을 잊지 못한다. 어느 날 급한 환자가 있어 급히 병원 응급실로 향했다. 간이침대에는 들것 대신 사용한 듯한 거적때기에 싸인 노인 한 명이 누워 있었는데, 노인의 멍한 눈은 고통스러운 듯 보였고 배가 공처럼 부풀어 있었다. 장폐색이었다. 노인의 이름은 페드로. 지노 스트라다 박사는 노인의 증상에 대해 설명하고, 수술이 필요하다는 것을 납득시키고 안심시키고자 하였다. 그러나 노인은 그의 말에 무관심한 듯, 아무렇지도 않은 얼굴을 하고 있었다. 그러더니 두 사람이 나가려고 하자 애원하듯 뭔가 말하기 시작하였다.

"제발 수술을 하지 말아주세요…."

노인은 절규하며 부탁했다. 수술하지 않으면 곧 죽을 수 있는 위급 상황이었다. 동료 의사인 홀리오는 목 놓아 우는 노인을 그곳에 남겨둔 채 지노 스트라다 박사의 팔을 붙잡고 밖으로 데리고 나왔다.

"수술이 무서워서 그러는 게 아니네. 수술을 안 하면 죽는다는 것도 알고 있어. 하지만 저 노인은 자식이 넷이나 되고 손자들은 더 많아. 가족들을 파산시키고 싶지 않아서 저러는 것이지…. 이곳에서는 모든 게 돈이 든다네. 약도 거즈도 병원 식사에, 병실 침대까지…. 게다가 외과의사에게도 수술실 사용료를 내야 하지. 만약 폐렴이라면 어떻게든 돈을 마련할 수 있을지 몰라도 외과수술은 너무 돈이 많이 들어. 저 노인의 가족으로서는 그야말로 파산이라네…."

지노 스트라다 박사는 문득 페루의 아야쿠초에 온 첫날이 생각났다. 3층에서 떨어져 머리를 심하게 다친 남자아이가 있었다. 응급실 간이침대에 누워서 인형처럼 꼼짝도 하지 않았는데, 그곳에 있던 의사는 태연하게 가족들에게 건넬 비용 청구서를 만들고 있었다. 머리를 조아리며 그 종이쪽지를 받아 쥔 아이 아버지의 체념한 듯한 표정, 그리고 아이 어머니의 눈물…. 간호사가 부모와 함께 와서 낮은 목소리로 무언가를 의사에게 말하더니 다시 그들을 데리고 나갔다. 몇 분 후 의사도 가버리고 남자아이만 남게 되었다. 그리고 30분 후, 그 아이는 홀로 간이침대에서 죽고 말았다.

아마도 부모는 그때까지 아야쿠초의 약국을 돌며 항생제와 주사약, 마취약과 압박붕대, 메스 등을 찾아 뛰어다녔으리라. 하지만 결국 아들에게 수술을 받게 할 수는 없었다. 치료에 큰돈이 들어가는 것은 페루뿐만이 아닐 것이다. 이런 위급 환자를 향한 문전박대를 현실로 확인하고 보니 너무나 잔혹한, 타인의 생명에 대한 철저한 무관심 앞에서 지노 스트라다 박사는 혼란스러웠다.

아야쿠초에 온 첫날처럼, 같은 이유로 페드로를 죽게 내버려 둘 수는 없

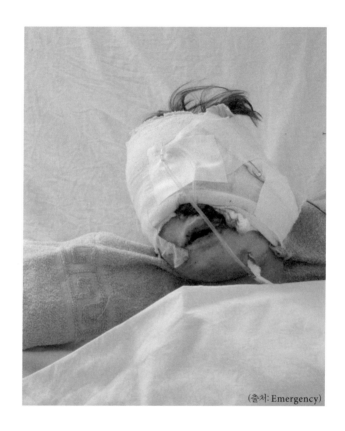

최첨단의 의학이 날로 진화하는 지구촌의 한구석에서는
여전히 '돈'이 없어 생을 포기하는 사람들이 수도 없이 널렸다.

었다. 적어도 이 병원, 그가 발을 들여놓은 외과 병동에서만큼은…. 지노 스트라다 박사는 병원장을 찾아가 이 환자를 무료로 수술해 주지 않으면 유럽으로 당장 돌아가겠다고 단호히 말했다. 죽어가는 생명을 살리는 것이 그가 이 낯선 곳에 와 있는 이유라고 생각하기 때문이다. 병원장은 지노 스트라다의 결연에 찬 제안을 받아들였고, 운 좋게도 페드로는 수술을 받을 수 있었다.

"자네는 가서 수술 준비를 해주게. 나는 가족들에게 1솔(Nuevo Sol, 페루의 화폐 단위)도 지불할 필요가 없다고 설명해주고 올 테니까. 10분 후에 수술실로 갈게!"

수술은 무사히 끝났다. 페드로는 조금씩 회복이 되었고, 열흘 후 집으로 돌아갈 수 있게 되었다. 퇴원하는 날 이 늙은 노인은 오래도록 지노 스트라다 박사의 손을 꽉 잡으며 뜨거운 고마움을 표했다. 페드로는 의미는 알 수 없지만 마음은 전해지는 케추아어로 인사를 한 후 열두 살짜리 손자의 부축을 받으며 집으로 돌아갔다.

지노 스트라다 박사는 이후에도 이러한 비극을 수도 없이 목격하며, 이 세계의 비극을 줄이기 위해 이머전시가 필요하다고 생각했다. 그리고 도움을 필요로 하는 힘 없는 사람들의 삶을 보호하고 개선하기 위해 다음 세 가지 원칙을 정했다.

첫째, 평등(Equality). 모든 인간은 경제적, 사회적 조건, 성별, 민족, 언어, 종교, 이념에 관계없이 치료를 받을 권리가 있다는 원칙.

둘째, 고품질(Quality). 양질의 의료 수준은 반드시 모든 이들의 요구에 기반해야 하며, 반드시 의학의 진보 수준에 맞는 적용을 해야 한다는 원칙.

셋째, 무료(Free-of-charge). 힘없고 가난한 사람들도 치료 받을 권리가 있으며, 이들을 위한 의료 서비스는 반드시 무료로 모든 이에게 접근 가능해야 한다는 원칙. 평화 세계를 위한 이머전시의 원칙이다.

3. 세계 비극의 최전선에서

숱한 갈등이 교차하는 전쟁터, 특히 일촉즉발의 위기 속 이라크 에르빌에서 병원의 철수를 심각하게 고민했던 순간은 그의 뇌리에 강하게 남아 있다. 1995년 여름과 가을에 걸쳐 이라크의 사담 후세인은 전차로 북부 이라크 쿠르드자치정부 수도 '에르빌'을 점령하고, 뒤이어 쿠르드민주당(KDP)에 대한 '소유권 이전'이라는 구실로 군사 행동을 자행하였다. 이후, 많은 사람들을 정치적인 적대자로 낙인찍어 수도에서 쫓아냈다. 3만 명이 넘는 사람들이 에르빌을 떠나야만 했다. 이머전시는 술라이마니야(1996년)와 에르빌(1998년)에 전쟁 희생자를 위한 2개의 외과 센터와 22개의 응급 처치소를 건설하여 운영하던 중이었다.

군사 충돌 조짐이 보이더니, 쿠르드민주당(KDP)의 지지를 얻은 이라크군이 침공해온다는 소문이 잇따라 들려왔다. 사람들은 여전히 쿠르드인을 위협하는 사담 후세인의 이름을 두려워하고 있었다. 그때 갑자기 뉴스가 날아들었다. 수도 에르빌이 공격당하고 있다는 것이었다.[3] 시시각각 새로운 정보가 들어왔다. 이치에 맞지 않는, 단편적이고 혼란스러운 정보들뿐이었다. 지노 스트라다 박사는 의료진들에게 군사 정세에 대한 대응, 그리고 이라크군이 술라이마니야에 근접하였을 경우, 그에 대비하여 안전 조치를 할 것을 전했다.

전원, 필요한 것만 챙겨 넣은 가방을 준비하고 긴급하게 피난할 때를 대비하여 항상 가까이에 놓아둘 것. 자택과 병원 이외의 장소에 가서는 안 되고, 이동할 때는 반드시 무선으로 연락할 것. 차량은 모두 제대로 점검해두고, 가솔린은 가득 채우고, 차 안에는 물과 방탄조끼와 구급상자와…. 뭐든

3) *에르빌(Erbil) 함락 - 이라크 영내 쿠르드인 거주 지구에서는 자치권을 획득한 후에도 양대 정당의 대립에 의한 항쟁이 계속되었는데, 1996년 KDP(쿠르드민주당 / Kurdistan Democratic Party)가 이라크 정부의 지원을 받아 그때까지 PUK(쿠르드애국동맹)가 우세하였던 자치구 내의 도시 에르빌(Erbil)을 수중에 넣었다. 8월에는 KDP의 요청으로 이라크군이 에르빌(Erbil)과 술라이마니야(Sulaymaniyah) 등 PUK의 거점을 제압, 정세는 일거에 긴박하게 흘러갔다. 미군이 이라크 남부를 미사일 공격하여 사태에 개입, 일단 정전이 되지만 얼마 안 되어 다시 전투가 벌어졌다. 1998년 워싱턴에서 드디어 평화 합의에 이르렀다.

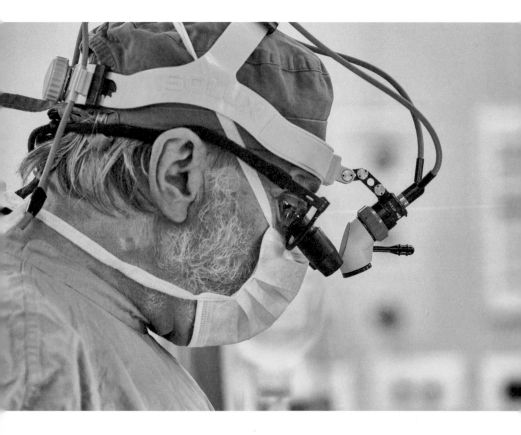

때로는 총알과 포탄 속에 병원이 고립되기도 했고,
많은 의료진들이 목숨을 잃기도 했다.
힘든 여정이었다. 가장 헌신적인 의사들도 몇 달 이상을
버티지 못하는 전쟁터에서
그는 인생의 반을 보내고 있다.

지 철저하게 준비해 둘 것.

만약의 사태에 대처하기 위해 할 일을, 긴급 피난 계획을 세워 결국 도망치는 방법과 함께 긴급대응 매뉴얼로 만들었다. 1년을 훌쩍 넘는 동안 필사적으로 일해 온 이머전시 병원이었다. 낡은 간호사 학교 건물을 허물고 병원을 세우고, 경제적인 어려움에도 불구하고 몇 날 밤을 자지 않고 하나하나 착실히 쌓아 올렸던 곳이다. 프로젝트 자금을 모으려고 밀라노 본부와 힘을 합쳐가면서 정성 들여 만들어갔던 병원.

쿠르디스탄 전역에 이런 병원은 하나뿐이었다. 그것이 그의 긍지가 되었고, 더 중요한 것은 치료를 필요로 하는 많은 불행한 사람들의 긍지도 되었다는 사실이다. 가장 훌륭한 병원, 가장 청결하고 가장 실력이 좋은, 무엇이든 가장 좋은… 자랑스러운 병원. 도중에 그만둔다는 게 말이 되는가? 그런 비상 상황으로 며칠이 지나갔다. 매일 새로운 환자가 각지에서 몰려들었고, 격렬한 전투는 에르빌의 남쪽, 데갈라까지 옮겨왔다. 물론 사담의 전차도 다가오고 있었다.

지노 스트라다 박사는 병원의 철수를 심각하게 고민했다. 스태프와 환자들에게 뭐라고 해야 옳은가? 만약의 사태가 벌어질 경우 의료진과 그 가족들의 삶도 산산조각날 수 있는 위기였다. 그러나 함께해온 많은 일들을 통해 의료진은 모두 변해 있었다. 일촉즉발의 위기 속에서도 의료진들은 담대했다. 어떠한 위기에서도 끝까지 고려해야 할 것은 '환자'라는 데에 전원이 마음을 같이 했다. 병원에는 치료와 수술이 필요한 환자들이 있었다. 그것도 아주 많이. 전쟁 희생자를 위한다는 조직이, 전쟁이 다가오고 조금 더 격렬해진다고 해서 어떻게 그곳을 떠나버릴 수 있단 말인가. 오히려 전쟁이 가까워올

수록 더 떠날 수 없었다. 결국 의료진은 만장일치를 보았다.

"사태가 어떻게 되든 간에 이머전시는 술라이마니야에 남는다."

1994년 설립 이래 이머전시는 세계의 분쟁의 최전선에서 인도주의적 의료구호를 펼쳐왔다. 세계의 어두운 구석구석 이머전시의 손길이 닿지 않은 곳이 없을 정도다. 르완다 키갈리, 북이라크 술라이마니야, 캄보디아 바탐방, 북이라크 에르빌, 아프가니스탄 아나바, 에리트레아 아스마라, 아프가니스탄 카불…. 설립 이래 이머전시의 의료진들은 생명이 위태로울 수 있는 16개국에서 800만 명이 넘는 사람들을 살려냈다. 때로는 총알과 포탄 속에 병원이 고립되기도 했고, 많은 의료진들이 목숨을 잃기도 했다. 힘든 여정이었다. 그를 버티게 한 단 하나의 신념, 그것은 인도주의였다. 모든 인간은 인간이라는 점에서 동등한 자격을 갖추고 있으므로, 인류의 공존을 꾀하고 복지를 실현해야 한다는 신념!

이머전시(EMERGENCY)에서 수행 중인 인도주의적 개입 프로그램

아프가니스탄
- 의료 및 외과 센터, 아나바
- 산부인과 센터, 아나바
- 전쟁 희생자를 위한 외과 센터, 카불
- 전쟁 희생자를 위한 외과 센터, 라슈카르가
- 43개의 응급처치 및 건강관리 센터

이라크

- 재활 및 사회 통합 센터, 술라이마니야
- 직업훈련 과정
- 350개의 장애인협동조합
- 6개의 전쟁 난민을 위한 건강관리 센터
- 전쟁 수술 프로그램, 에르빌

이탈리아

- 이민자와 도움이 필요한 사람들을 위한 클리닉, 팔레르모
- 이민자와 도움이 필요한 사람들을 위한 클리닉, 마르게라
- 이민자와 도움이 필요한 사람들을 위한 클리닉, 폴리스테나
- 이민자와 도움이 필요한 사람들을 위한 클리닉, 카스텔볼투르노
- 이민자와 도움이 필요한 사람들을 위한 클리닉, 폰티셀리
- 이민자와 도움이 필요한 사람들을 위한 클리닉, 삿사리
- 사회 건강관리 예비교육 센터, 브레시아
- 모바일 클리닉
- 이주자를 위한 의료지원, 시칠리아
- 성노동자를 위한 정보제공 및 예방활동, 카세르타

중앙아프리카공화국

- 소아과센터, 방기
- 외과 및 소아과 수술, 방기

- 국립혈액은행 조직 및 지원 활동, 방기

시에라리온
- 외과 센터, 고드리치
- 소아과 센터, 고드리치
- 응급실, 로코마사마와 워털루

수단
- 소아과 센터, 카르툼의 마요 난민캠프
- 살람 심장외과 센터, 카르툼
- 소아과 센터, 포트수단

우간다
- 소아과 수술 센터, 엔테베

4. 살람센터, 아프리카 최고의 심장 센터

이머전시는 아프리카 대륙의 가장 끔찍한 전쟁 중의 하나인 르완다의 피해자들에게 치료를 제공하는 것으로부터 인도주의적 의료 구호를 시작하였다. 이후 지뢰 피해가 빈번한 이라크와 캄보디아에서, 나중에는 아프가니스탄과 시에라리온에서 활동했다. 그러나 세계의 상황이 점차 변해가면서 긴급 의료에 대한 요구도 달라졌다. 이머전시는 전쟁 피해자의 수가 감소했을 시기에는 외상 수술을 입원 기준에 포함시켰고, 응급 수술을 시작하였으며, 안과 수술과 재건 성형수술을 마련하기도 했다. 2000년 이후에는 세계에서 의료 여건이 가장 취약한 아프리카 대륙에서 집중적으로 활동하고 있다.

2007년 지노 스트라다 박사는 사막 한복판에 세계 최고 수준의 심장외과를 설립했다. 바로 수단의 살람 심장외과 센터다. 이 병원은 아프리카 전역에서 유일하게 후천성, 선천성 심혈관 질환으로 고통 받는 환자들에게 무료로, 고도로 전문화된 심장 수술과 치료를 제공하는 전문 병원이다. 하루에도 몇 차례씩 심장 수술이 이루어지고 있으며, 수술 후 회복기 환자들에게 계속해서 후속 검사를 제공하고 있다.

살람 심장외과 센터(Salam Centre for Cardiac Surgery)는 아프리카 심장외과 프로그램의 핵심이자 인도주의적 개입의 혁신적인 모델이다. 사실 이 프로젝트의 목표는 아프리카에 수준 높은 건강관리를 제공하는 것임과 동시에, 모든 사람이 무료로 좋은 치료를 받을 수 있는 권리에 관해 주장하는 것이었다. 국제 심장전문의들은 각 센터에서 검사 세션을 갖고, 환자들을 수단으로 이송한다. 살람 심장외과 센터는 약 28개국 수천 명 환자들의 문의처가 되고 있으며 후천성, 선천성 심장질환으로 고통 받는 어린이와 성인에게 높은 수준의 수술을 제공하고 있다. 6억 명이 넘는 인구가 살고 있는, 수단의 수도 하르툼에서 유일하게 전문화된 무료 시설이며 수단뿐 아니라 전쟁과 빈곤으로 시달리고 있는 인근 국가 사람들에게 심장 질환 수술을 제공하고 있다.

사람들은 "아프리카에 심장 전문 외과가 필요한가요?"라고 자주 물어온다. 흔히 아프리카 관련 질병으로는 에이즈나 황열병, 말라리아 등을 떠올리기 때문이다. 그러나 아프리카의 심장병은 매우 심각하다. 지노 스트라다 박사는 이런 질문을 받을 때마다 발 디딜 틈 없이 북적이는 살람 심장외과 센터의 대기실을 떠올린다.

아프리카에서는 친인척 간의 결혼이 잦은데, 이에서 비롯된 임신 중 특정 질병의 감염이 선천성 심장질환과 같은 태아기형의 위험을 증가시킨다. 이러한 선천성 심장질환은 정상적인 혈액 순환을 막아 성장을 방해하며 정상적인 삶을 살아가기 매우 어렵게 만들고 심지어 호흡조차 힘들게 하는 심장의 해부학적 변형을 유발한다. 이 센터는 '심장 수술' 전문 병원이기 때문에 아프리카의 열악한 의료 현실을 다 아우를 수는 없다. 살람 심장외과 센터처럼 특정 질환 집중 병원은 막대한 투자와 더불어 미래에 상당한 유지관리 비용도 필요로 한다. 아프리카의 열악한 건강 복지의 수준을 고려했을 때, '심장 치료'에 집중하는 병원을 설립하고 유지하는 것은 큰 도전을 필요로 했다.

그러나 극심한 빈곤의 맥락에서 심장 판막의 재건과 교체가 긴급하지 않을 것이라는 일반적인 생각들과 달리, 이머전시는 2005년 이래로 세계보건기구(WHO)가 아시아와 아프리카에서는 에이즈 다음으로 비전염성 질병인 심장병으로 인한 유아 사망이 가장 높다고 발표한 것에 주목했다. 류머티즘 열병 등에 영향을 받는 사람들의 50%는 널리 퍼져 있는데, 이는 심장 근육

염증으로 발전할 수 있기 때문에 오랫동안 심장 마비가 발생할 가능성이 있다. 세계보건기구(WHO)는 아프리카의 가장 큰 사망 원인이 류머티즘 열병이라고 발표했으며, 앞으로 수년 내에 심혈관 질환은 아프리카에서 가장 큰 사망 원인이 될 것이라고 내다봤다. 세계보건기구는 아프리카에서 2천만 명의 류머티즘 열병이 있다고 추정한다. 매년 2백만 건의 입원이 필요하며, 류머티즘 열병으로 심장 수술이 필요한 사람들은 500만 명에 이른다. 매년 300,000명의 사망자가 발생한다. 더구나 사망자의 2/3는 13세 미만의 어린이들로, 이것은 아프리카에서 1차 진료를 다루는 데 막대한 문제가 있다는 것을 의미한다.

특히 사하라 사막 이남의 아프리카에서 심장 질환은 매우 심각한 수준이다. 류머티즘 열병은 5~15세 연령대의 아프리카 어린이와 청소년들에게 관찰되는 심혈관 질환의 주요 원인이 되는데, 예방과 치료를 할 수 있는 적절한 시설이 없기 때문에 문제는 심각해진다. 산업화 국가에서 의학적으로 치료가 가능한 혈관염은 널리 퍼져 발생하지만, 류머티즘 열병은 10만 명당 1명 꼴로 매우 드물게 발생한다. 반면 수단에서는 1,000명당 1명이 류머티즘 질병에 걸린다.[4] 세계보건기구(WHO) 보고서에 따르면 류머티즘 질병에 관한 모든 심혈관 질환의 60%는 류머티즘 열이 심장에 미치는 영향으로 인해 발생한다고 한다. 아프리카의 심혈관 질환은 향후 5~20년 이내에 약 1백만 명의 아프리카인이 수술이 필요할 것으로 예상된다.[5] 국제적 수준의 긴급 조치가 필요한 상황이다.

그동안 살람 심장외과 센터는 아프리카와 그 밖의 24개국에서 온 환자들에게 5,000건 이상의 수술과 42,000건 이상의 심장 검사를 실시했는데 놀라

4) 출처: M.R. Essop, Circulation 2005, 112: 3584-3591
5) 출처: 아프리카 지역의 심혈관 질환: 현재 상황 및 전망, 세계보건기구(WHO, World Health Organization), 2005

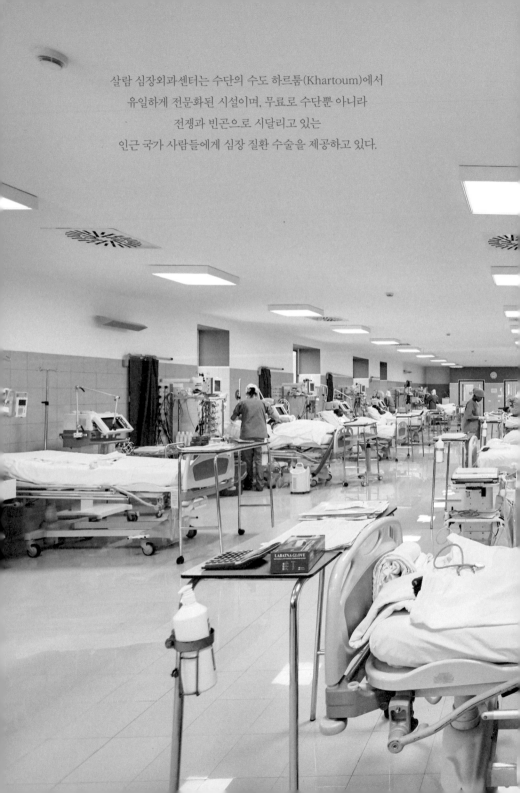

살람 심장외과센터는 수단의 수도 하르툼(Khartoum)에서
유일하게 전문화된 시설이며, 무료로 수단뿐 아니라
전쟁과 빈곤으로 시달리고 있는
인근 국가 사람들에게 심장 질환 수술을 제공하고 있다.

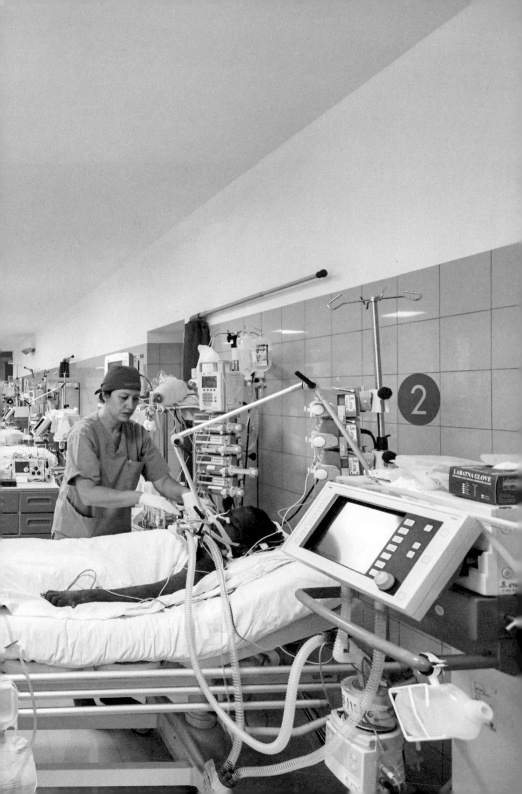

그동안 살람 심장외과 센터는 아프리카와
그 밖의 24개국에서 온 환자들에게
5,000건 이상의 수술과 42,000건 이상의
심장 검사를 실시했다.

운 수술 결과를 얻고 있다. 브리티시 메디컬 저널에 따르면, 살람 심장외과 센터의 심장 수술은 세계 표준에 필적하는 결과를 낳았다고 전한다. '흉부외과 학회'에 따르면, 지난 12년간 미국이나 캐나다에서 승모판 치환 수술을 위해 심장 수술을 하는 경우 사망률은 6%였다. 하지만 살람 심장외과 센터의 사망률은 1.2%이다. 아프리카 사막 한복판의 병원에서 이렇게 놀라운 결과를 얻을 수 있던 비법은 무엇일까?

혹자들은 어린 사람들을 수술하기 때문에 수술 결과가 좋다는 의견을 내기도 하지만 젊다고 꼭 더 건강한 것만은 아니다. 몇 주 전까지는 테니스를 즐겼던 70세 노인이 승모판 치환술을 해야 할 경우와 심각한 영양실조로 고작 12kg의 체중이 나가는 13세의 심장병 환자가 있다고 가정할 때, 둘 중 누가 더 건강한 것일까. 살람 심장외과 센터의 수술 결과가 유럽이나 미국 전역에 기록된 것보다 4~5배의 낮은 사망률을 보인다면 분명 이유가 있을 것이다. 좋은 결과의 첫 번째 이유는 센터가 매우 철저하게 위생 관리를 하기 때문이다. 두 번째 이유는 의료진들의 의료권에 대한 신념으로 환자들을 돈을 내는 고객으로 여기지 않기 때문이다. 또 다른 이유로는 1년에 1,000건의 밸브 수술을 하는 센터가 한 번 수술을 하는 센터보다 더 많은 노하우를 수집한다는 것도 분명한 이유가 될 것이다.

지노 스트라다 박사가 마지막까지 중요시하는 유일한 것은 '환자'다. 최근 이머전시는 환자들의 편의를 위해 에리트레아, 중앙아프리카공화국 정부와 기술적 합의서 및 양해 각서(MOU)를 체결했다. 국경을 건너 수단의 살람 심장외과 센터로 오는 사람들에게 무료 교통편을 제공하기도 한다. 어린 환자들이 많기 때문에 동반한 보호자들이 병원 내에 위치한 살람 심장외과 센터의 게스트 하우스에 머무를 수도 있게 했다. 어린 환자들의 정서적 안정을 보장해야 하기 때문이다. 좋은 병원을 짓고 싶다면, 그 병원이 얼마나 좋아야 하겠는가? 지노 스트라다 박사는 다음과 같이 말한다. "좋은 병원의 척도는 당신 가족 중 한 명이 그 병원에서 치료를 받았을 때 만족할 수 있을 정도, 그 정도가 되어야 합니다."

5. 아프리카를 가로지르는
전문 의료 센터 구축을 위하여

"아프리카에 갔는데 백신 몇 개, 주사 몇 개만 있다고 생각해 보십시오."

살람 심장외과 센터는 반창고와 아스피린 몇 알로 사람들을 수습하는 시골병원이 아니다. 아프리카 전역에서 몰려드는 환자들에게 무료로 세계적인 수준의 심장 치료 서비스를 제공하는 혁명적인 병원이다. 이제 이머전시는 세계 분쟁 희생자에 초점을 맞추는 대신, 살람 심장외과 센터의 성공을 바탕으로 각기 다른 아프리카 국가에 새로운 센터를 설립할 야심찬 계획을 가지고 있다. 각 센터는 암수술부터 산부인과 수술에 이르기까지 특정 전문 의료 분야의 무료 치료를 제공하게 될 것이다. 그의 이런 계획에는 '인권'에 대한 한결같은 신념이 담겨있다. 바로 인간이라면 누구나 '치료받을 권리'가 있으며, 세계는 이를 지켜줘야 한다는 것이다. 지노 스트라다 박사는 2차 대전 후인 1948년 서명된 세계 인권 선언이 70년이 지난 지금까지 실천되지 않고 있다고 비판한다.

"1948년 서명된 세계 인권 선언에는 인권과 평화와의 상호 관계가 강조되었습니다. '모든 인간은 자유롭고 존엄할 권리가 동일하게 태어났다', '그리고 모든 인류의 평등하고 양도할 수 없는 권리에 대한 인정은, 자유와 정의와 평화 세계의 토대이다.' 그러나 70년이 흐른 지금, 이 선언문은 도발적이고, 공격적이며, 명백한 거짓으로 들립니다. 지금까지 서명국 중 어떤 나라도 이 보편적인 인권인 품위 있는 삶에 대한 권리, 직업과 가정에 대한 권리, 교육 및 건강에 대한 권리를 실천하지 않았습니다. 한마디로 사회 정의에 대한 권리를 말입니다. 새로운 밀레니엄이 시작되면서 모든 인류를 위한 권리는 없고, 오로지 소수를 위한 특권이 있을 뿐입니다."

그는 공공 의료서비스에 대한 인식이 희박한 아프리카에서 의료서비스가 인간답게 살기 위한 기본적인 인권이며, 의료권 보장에 국가가 앞장서야한다는 인식을 확산시키는 데 주력하고 있다. 그의 적극적인 노력으로 2008년 세계 최극빈국인 아프리카 11국(중앙아프리카공화국, 차드, 콩고민주공화국, 지부티, 이집트, 에리트레아, 에티오피아, 소말리아, 수단, 남수단, 우간다) 정부는 '국민의 치료 받을 권리를 인정하고, 건강관리 서비스를 무료로제공하기 위해 노력하겠다'는 이머전시의 '의료에 기반한 인권 선언문'에 서명하였다. 지노 스트라다 박사는 국민의 건강은 국가가 지킬 의무가 있다고 강조한다.

"국민의 건강에 관심이 없다면 정부가 왜 필요합니까? 정부는 생명과 자유를 보호하기 위해 만들어졌습니다. 사람들에게 건강관리를 제공하지 않는다면 어떻게 그들의 삶을 보호할 수 있겠습니까?"

지노 스트라다는 이 선언문으로 아프리카 정부의 인권 의식이 크게 개선되어, 아프리카 환자들이 무료로 치료를 받을 수 있는 날이 오기를 희망한다.

"이 선언문은 인권을 기반으로 한 의학 선언문으로, 국민들의 '치료 받을권리'를 인정하고 평등, 고품질 및 사회적 책임의 원칙에 입각한 건강관리를제공하기 위해 노력할 것이라는 국가 차원의 서명입니다. 가장 중요한 것은선언문에서 정부가 모든 사람들에게 무료로 건강 서비스를 제공하고 이를이행하기 위한 적절한 인적 자원 및 재원을 할당하기로 밝힌 것입니다."

이 선언문은 아프리카에 고품질 심장 수술을 무료로 제공한 최초의 병원인 이머전시의 살람 심장외과 센터(2007년 설립) 경험을 바탕으로 한다. 지노 스트라다는 '치료받을 권리'가 인권의 핵심이 되어야 한다는 생각으로 아프리카 대륙을 가로지르는 전문 병원 네트워크를 구축하기로 마음먹었다.

아프리카 우수 의료 네트워크(ANME: African Network of Medical Excellence)

순	병원	국가	진행 사항
1	심장외과 살람 센터	수단	2007 설립
2	소아외과 지역병원	우간다	2017 착공
3	외상 및 재활 병원	차드	미정
4	소아과 병원	콩고민주공화국	미정
5	산부인과 병원	르완다	미정
6		중앙아프리카공화국	미정
7		시에라리온	미정
8		남수단	미정
9	정형외과 병원	에리트레아	미정
10	전염병 및 열대성 질병 병원	이집트	미정
11	종양내과 병원	에티오피아	미정
12	재활 및 정형외과 병원	지부티	미정

2007년 살람 심장외과 센터 건립의 경험을 발판으로 2010년에는 11개국이 아프리카 대륙의 의료 시스템을 강화하기 위해 최상의 의료 센터를 짓는 프로젝트인 아프리카 의료 전문 네트워크(ANME, African Network of Medical Excellence)에 참여하기로 했다. 각 센터는 암 수술부터 산부인과 수술에 이르기까지 특정 전문 의료 분야에서 무료 치료를 제공하게 될 것이다.

현재 두 번째 의료 센터인 소아과 센터가 우간다에서 건립 중이며 2018년 12월 오픈을 목표로 2017년 2월 기공식을 가졌다. 우간다 센터는 소아과 수술 외에도 모든 외과에 있어서 우수한 센터가 될 것이다. 대부분의 경우 선천적 결함, 예를 들어 비뇨기 기형 등을 치료할 것이다. 물론 무료이며 환자가 어디에서 왔는지는 전혀 중요하지 않다. 우간다는 프로그램의 전체 비용 중 20%를 지불할 것이며, 거기에 합류하기를 원하는 모든 사람들에게 무료 비자가 주어진다. 이 병원은 세계에서 가장 위대한 건축가 중의 한 사람인 렌조 피아노에 의해 설계되었다. 렌조 피아노는 이머전시의 지지자이기도 하다. 그는 하이테크 건축의 대가로 대표적인 작품은 리처드 로저스와 함께 공동 작업한 프랑스 파리에 위치한 퐁피두센터이다. 이 거대한 프로젝트를 이끌어 가고 있는 지노 스트라다 박사의 신념은 매우 단순하다. 끝까지 생각해야 하는 것은 '생명'이라는 것이다.

(출처: Emergency)

2007년 살람심장외과 센터 건립의 경험을 발판으로
2010년에는 11개국이 아프리카 대륙의 의료 시스템을 강화하기 위해
최상의 의료 센터를 짓는 프로젝트인 아프리카
의료 전문 네트워크(ANME)에 참여하기로 했다.

(출처: Emergency)

우간다 소아과 센터 착공식에 참석한 지노 스트라다 박사와 세계적인 건축가 렌조 피아노의 모습 (위)과
향후 우간다의 소아과 센터의 완공 시 모습이다. (아래)

6. 어린 생명들을 살리는 이머전시

아프리카의 임산부와 신생아들은 영양 결핍과 끔찍할 정도의 비위생적인 출산 환경에 놓여있다. 대부분 산통이 올 때까지 가사노동을 하고, 비위생적인 출산 도구들과 물을 사용하다 보니 영아사망률이 매우 높다. 국제적으로 임신, 출산 합병증은 15~49세의 임신 가능 연령 여성에게 두 번째로 높은 사망 원인이 되고 있다. 2010년에 289,000명의 여성이 사망했고 그중 99%가 개발도상국에서 발생했다. 이러한 수치에는 많은 원인이 있다. 질병이 임신 중에 발병하거나 사전에 존재하지만, 대부분 치료를 받는 데에 지형적, 경제적 또는 사회적 어려움이 있다. 이에 발병 사실조차 알지 못하거나 치료를 받지 못하는 것이다. 많은 횟수의 임신은 종종 여성을 태아 기형, 태반 전치, 출산 후 출혈 같은 여러 합병증을 앓게 한다. 조산사조차 찾기 어려운 사회문화적인 이유 때문에, 임신과 출산을 결국 집에서 하게 된다. 최근 아프가니스탄 국민을 대상으로 한 건강 조사는 이런 현상을 보여준다. 조사에 따르면, 의료 센터에서 출산하지 않은 여성의 50%는 돈이 없거나 의료 센터가 멀고 교통편이 없어서였다.

이머전시는 임산부와 아이들의 생명권 보장을 위해서 2003년 아프가니스탄 아나바에 산부인과 센터를 열었다. 출산과 신생아 관리에 대한 종합 응급처치를 중심으로 완벽한 지원을 제공하고 있는데, 인근 응급 처치소들과 협력하여 환자 이송 서비스를 실시하고 있다. 무료 교통편과 의료 서비스는 산모와 신생아 건강관리 시스템의 초석이 되어 현재 50%의 여성 인구에게 안전한 출산의 기회를 제공하고 있다. 현재 아나바 산부인과 센터의 조산사와 부인과 의사들은 하루에 10명 이상의 분만을 돕고 있다. 센터는 판지시르 계곡과 카피사, 파르완 지역의 여성들에게 산전관리, 부인과, 조산술, 신생아

서비스를 제공한다. 한 달에 한 번, 직원은 각 지역의 의료 센터를 방문하여, 임신 여성을 관찰하고 산모들에게 위험이 없도록 체크하고 있다. 필요시, 산모들은 산부인과 센터로 이송되어 진찰받거나 입원하게 된다. 산부인과 센터에서 태어난 아기들은 태어난 후 단 몇 시간 만에 퇴원을 한다. 조산아, 난산, 쌍둥이, 황달 및 신생아 패혈증 등을 가진 위험한 경우는 신생아 인큐베이터로 옮겨지거나 지속적 기도 양압 장비(CPAP)와 같이 호흡 곤란 증후군을 가진 조산아를 더욱 쉽게 호흡할 수 있게 해주는 장치를 도입한 신생아 집중 치료실에 맡겨진다.

이머전시는 2003년 아프가니스탄 아나바에 소아과 병원도 개설했다. 아이들은 외래진료과를 통해서 직접 오거나, 전 지역에 흩어진 이머전시의 의료 센터 중 하나를 통해 오게 된다. 다년간의 작업으로 형성된 네트워크는 상대적으로 상태가 양호한 환자에게는 그 자리에서 도움을 주고, 더욱 심각한 경우에는 병원으로 이송을 한다. 아이들에게 발병하는 가장 흔한 질병은 위장염과 탈수, 폐렴, 천식, 말라리아, 수막염, 패혈증이다.

수단의 수도 하르툼 외곽의 마요 난민 센터는 20년 전 수단과 남수단의 전쟁 난민을 위해 지어졌다. 수년에 걸쳐, 난민들이 다르푸르에서 오면서 캠프는 확장되어 지금 400,000명의 사람들이 최소한의 생존을 유지하고 있는데, 이들의 유일한 의료기관은 2005년 앙골라 지역에 문을 연 이머전시의 소아과 센터뿐이다. 매일 백 명 가까이 어머니들과 아이들이 센터에 찾아온다. 직원들은 환자에게 어떤 검사를 먼저 해야 하는지 알아보기 위해 환자 분류를 시행한다. 심각한 아이들은 6병상의 주간 병원에 입원을 한다. 심각한 경우는 구급차로 공공 병원으로 이송되기도 한다. 최대한 많은 아이들을 돕기 위해 의사들, 간호사들, 의료 종사자들은 건강 교육 과정, 영양실조를 위한 검사, 임산부를 위한 모니터링, 예방접종 프로그램을 캠프의 여러 지역에서 기획한다.

센터에서는 출산 관리를 제공하며 지역 보건부 직원들은 필요한 예방접종을 하고 있다. 이머전시는 유럽연합의 공동기금으로 하르툼의 보건부와 협력하여 프로젝트 '마요 난민 캠프의 기본 산부인과, 소아과 의료 서비스 강화를 위한 지역사회의 참여'를 통해 예방 의학 업무를 확대하여 2014년까지 진행했다. 직원들은 캠프 거주자 47명을, 그들 지역사회의 아픈 어린이들을 찾아내는 '건강 지킴이들'이 되도록 교육을 했다. 50,065명의 어린이들이 소아과 센터에서 치료를 받았으며, 20,590명이 진료소에서 직접 예방접종을 받았고, 11,745명이 영양실조 검사를 받았다.

2009년에는 중앙아프리카공화국의 수도 방기에 소아과 센터를 열었다. 아프리카 최빈국 중 하나인 중앙아프리카공화국에서는 1,000명의 신생아 중 129명이 가벼운 처치만으로도 살릴 수 있는 질병으로 죽어가고 있다. 지난 몇 년 상황은 극도로 악화되어 2012년 12월 전쟁이 발발되자 수천 명이 죽었으며, 인구 5백만 중 1백만 명이 실향민이 되었다. 분쟁이 최고조에 달한 2013년의 쿠데타 이후에도 이머전시는 소아과 센터를 유지했다. 상황이 악화될수록 의료시설이 절대적으로 필요하다는 것을 알기 때문이다. 이머전시는 수도 근처에 새로 생긴 주요 난민 캠프들을 방문하며 업무를 강화했다.

방기는 상대적으로 안정적이었지만 폭동, 거리의 무장투쟁, 일반 범죄로 이런 고요함은 언제든지 일촉즉발의 위기로 번질 수 있어 긴장을 늦출 수가 없다. 최근에도 매일 100명 이상의 아이들이 소아과 센터에 온다. 외래진료

마요 난민 센터는 20년 전 수단과 남수단의
전쟁 난민을 위해 지어졌다.
매일 백 명 가까이 엄마들과 아이들이 센터에 찾아온다.
건강 교육 과정, 영양실조를 위한 검사, 임산부를 위한
모니터링, 예방접종 프로그램을 시행하고 있다.

와 병동은 늘 꽉 차 있고, 추가 병상을 제공하기 위해 병원 정원에, 분쟁의 높이만큼 경사진 텐트가 있다. 말라리아, 감염, 장티푸스와 같은 질병은 전쟁 이전부터 만연했지만, 식량 부족과 가혹한 생활조건으로 더 아프기 쉬워졌으며, 안전성 문제로 많은 산모들이 병원에 가기 힘들어졌다. 직원들은 작은 의료센터를 운영하는 지역단체와 협력하고 지역단체 직원들의 경우 치료 훈련과 응급 소아 환자 이송을 돕고 있다.

포트 수단에 소아과 센터를 열 때도 상황은 마찬가지였다. 포트 수단 소아과 센터는 2011년에 문을 열었는데 인구 800,000명을 위한 의료 시설이 하나도 없는 극도로 빈곤한 지역이었다. 예방접종 프로그램은 지역 보건부와 협력하여 이뤄졌으며, 이로써 아이들은 국제 프로토콜에 의해 기획된 예방접종 단계들을 마칠 수 있었다. 2014년에는 새로운 소아 외래진료과를 개설하기도 했다. 이머전시의 의료 센터들은 아름다운 건축미로도 유명해서 여러 종류의 건축상을 받기도 하였다. 특히 막시(MAXXI, 국립 로마 21세기 미술관 보유)재단의 막시 2퍼센트(MAXXI 2per100, 예술 공모전)의 공헌으로 지어진 수단 포트 소아과 센터는 '지안카를로 루스 골드 메달(Giancarlo Ius Gold Medal)'을 수상하기도 했다. 이 상은 가장 혁신적이고 에너지 절약, 재사용 가능한 에너지원 사용 측면에서의 지속 가능한 건축 프로젝트에 주어지는 명성 높은 상이다.

지노 스트라다 박사는 끊임없이 고민한다. '어떻게 하면 어린아이들이 말라리아나 다른 감염 질병에 걸릴 위험을 최소화하고 건강한 식사를 하게 할 것인가?' 매주 의사들과 간호사들은 다양한 지역사회와 만남의 장소에 나가 사람들에게 위생, 의료교육을 제공하며 아이들과 가족을 위한 예방 수단에 대해 가르치고 있다. 예방접종에 대한 다양한 조언을 제공하기도 하며 이탈리아 외교통상 및 국제협력부와의 공동기금으로 예방의학 프로그램을 시행하고 있다. 21세기의 지구촌 한구석에서 꽃을 피워보지도 못한 어린 생명들이 간단한 치료조차 받지 못해 생을 마감하는 것을 속수무책으로 방관할 수 없기 때문이다.

7. 수술을 넘어, 재활과 자립의 길로

전쟁은 전장에서의 죽음과 부상, 그 이상의 의미를 가진다. 앞으로 수년간, 황폐해진 사회 구조, 빈곤, 파괴된 교육 시스템, 건강권 등의 기본적인 권리를 보장하기 위한 자원이 부족함도 의미한다. 이머전시는 환자들이 퇴원한 이후에도 여전히 치료가 필요하다는 것을 깨달았다. 또한 팔다리 절단술을 받은 환자들이 퇴원 후에도 가난과 전쟁의 나라에서 장애를 가지고 비참하게 생을 이어가는 모습을 수없이 목도해왔다. 이런 연유로 이머전시는 1998년부터 '재활 및 사회복귀 센터'를 열었다. 여기서 환자들은 물리치료를 받고 인공 수족을 착용한다. 그리고 장애인을 위한 의족 및 목발 제작, 금속 구조물 작업, 목공, 양장, 가죽 작업, 신발 제작의 전문 훈련 과정에 참여하게 된다. 강좌를 수료하면, 이들은 공예 워크숍이나 협동조합을 세울 수 있는 재정적 지원을 받기도 한다.

지노 스트라다 박사는 이란과 이라크 국경에 인접한 작은 마을에서 만난 아사드라는 소년을 잊지 못한다. 이머전시는 1995년 전쟁 희생자들을 치료하기 위해 이라크 자치구에 도착했다. 우선 양질의 의료 시술을 받을 수 없는 피해자들을 위해 술라이마니야와 에르빌 두 곳에 외과 센터를 지었고, 이어 두 개의 화상전문 센터와 척추 센터, 응급 처치소를 세웠다. 어느 날 아사드는 병원을 찾았다. 당시 열한 살이었던 아사드는 국경 부근에 많이 묻혀 있는 지뢰가 폭발하여 불과 여덟 살 때 오른쪽 다리를 허벅지까지 잃었다. 똑똑해 보이는 눈에, 나이보다 제법 어른스럽고 깊은 눈동자를 가진 아사드는 작아진 목발을 짚고 있어 몸을 구부리고 몹시 불편하게 걷고 있었다.

지노 스트라다 박사는 아사드에게 키에 맞는 새 목발을 선물로 주었다. 의료진은 미끄러지지 않도록 끝부분에 고무 캡도 끼워 주었다. 아이는 몸을 구부리지 않고도 재빠르게 걸을 수 있어 무척 기뻐하고 만족스러워했다. 마치 새라도 된 듯 자유에 가득 찬 표정이었다. 지노 스트라다 박사는 기쁨에 찬 아이를 보며 '지금은 새 목발 말고는 줄 것이 없지만, 언젠가 네 가슴에 더 희망을 가득 채워줄게'라고 마음먹었다. 그날 밤, 외과 팀은 정형외과와 재활 센터 설립 가능성에 대하여 이야기를 나누었다. 현지인들에게 의족 만드는 기술을 가르쳐 주자는, 현장에서 꼭 필요한 의견이 나왔다. 전쟁의 피해자들의 인생이 바뀌고 자신이 정말 필요한 사람이라는 사실을 느끼게 해주고 싶었기 때문이다.

이후 이머전시는 1998년 2월 이라크 북부 술라이마니야에 첫 재활 센터를 열었다. 전쟁 피해자들은 전혀 스스로와 가족들을 돌볼 수 없으며 지역 사회에서 소외당할 위험이 있다. 재활센터는 우선적으로 물리치료, 인공신체기관 착용과 재활 서비스를 제공하고, 이후 사회복귀 훈련을 시작한다. 이머전시는 술라이마니야 재활센터의 경험을 토대로 이후 다이에나와 도훅에 2개의 센터를, 그 후에 알제리의 메디아에 새로운 센터를 짓게 되었다. 다이에나, 도훅, 메디아 센터는 이제 이라크와 알제리 보건부에 의해 운영되고, 술라이마니야의 센터만 이머전시의 직접 관할 아래에 있다.

술라이마니야는 물리적 재활 이외에도 사회복귀 훈련을 제공하는데, 이는 매우 중요하다. 장애를 가진 전쟁 희생자들에게 미래를 선물하기 때문이다. 심각한 장애를 가진 몸뚱이로는 직업을 가질 희망이 없다. 이머전시는 이들을 위해 뭔가 해줄 수 있는 게 없을까 고민하고 또 고민했다. 팔이 불편한 장애인은 다리로, 다리가 불편한 장애인은 손으로 무언가 할 수 있는 일이 없을까. 이후 이머전시는 이들의 자립을 도와줄 수 있는 사회복귀 센터를 열었다. 기존의 환자였던 사람들은 양장, 목공, 가죽 작업 등의 수업을 듣고 나중에 인증서를 받으면 이머전시가 협동조합이나 공예 워크숍을 열 수 있도록 도와준다. 경제적인 자립은 피해자들이 자기 사회로 돌아가기 위한 기본 요소이다. 이머전시의 모든 병원은 비의료 직원 채용에서 가장 취약 계층인 미망인과 장애인을 우선할 것을 지시하고 있다. 예를 들어, 술라이마니야는 절반 이상의 직원들이 이전에 환자였던 사람들로 구성된다. 병원의 안과 바깥에 그들이 자주적으로 생활비를 벌 수 있도록 도와주는 자립의 길을 연 것이다. 이머전시는 환자들의 가장 든든한 후원자로서 그들의 레이스를 돕고 있다.

8. 난민의 조각난 삶 복구를 위해

"도대체 제가 무엇을 잘못했나요?"

시칠리아에서 만난 소말리아 난민이 지노 스트라다 박사에게 물었다. 그 남성은 지노 스트라다 박사에게 자신이 당하고 있는 고통의 이유를 물었지만 그는 답하지 못했다. '난민 위기'에 대처하는 유럽의 인권 접근방식에서 '위선'을 목도했기 때문이다. 겉으로는 평화와 민주주의와 기본권의 원칙을 강력히 고취하고 있지만, 전쟁과 빈곤을 피해 도망 온 수천 명의 사람들에게 기본적인 도움과 접근을 거부하고, 문화적인 벽과 정치적 장벽으로 이루어진 요새를 세우고 있었다.

특히 아프가니스탄 사례가 상징적이다. 지난 15년간 아프간은 새로운 전쟁으로 피폐해졌다. 아프간 각지의 이머전시 병원에는 매년 피해자 수가 갱신되고 있다. 그리고 그중 3분의 1은 어린아이들이다. 아프간은 세계에서 두 번째로 큰 난민 발생국이며, 난민 중에 300만 명이 파키스탄이나 이란에 흩어져 살고 있다. 이러한 비극은 오랫동안 서구 국가들에 의해 무시되어 왔다. 최근 아프간 난민들이 유럽으로 이주하자 비로소 이 문제가 수면 위로 부각되었다. 이머전시는 2014년부터 이라크 북부의 시리아 난민과 국내실향민 위기를 해결하기 위해 전념하고 있다.

유럽 지도자들은 난민 환영, 통합 프로그램에 투자하며 갈등의 근본 원인을 다루기보다, 아프간 정부에 재정적 지원을 하거나 망명 신청자를 합법적으로 아프간으로 추방하는 데 합의를 하고 있다. 전 세계 난민들의 산산조각난 삶은, 국제사회의 행동을 촉구하고 있다. 난민들이 전쟁과 폭력의 소용돌이에서 벗어나기 위해서, 나아가 인류의 생존을 위해서 전쟁 폐지는 필수적이다. 전쟁 폐지는 70년 전 설립된 유엔의 핵심 임무지만 오늘날까지 이를 완수하기 위한 노력은 거의 실시되지 않고 있다. 지중해는 지금 죽음의 바다. 수천 명의 난민이 가난과 전쟁을 피해 난민선을 타고 매주 북아프리카에서 유럽으로 탈출하고 있다. 반기문 전 UN 사무총장은 지중해를 "난민과 이민자들의 죽음의 길목"이라고 언급했다. 북아프리카를 탈출해 지중해를 건너는 난민의 숫자는 매년 폭발적으로 증가하고 있다. 뉴욕타임스에 의하면 지중해를 건너다 사망한 난민의 수는 지난 2014년 같은 기간보다 18배나 증가했다고 한다.

지노 스트라다 박사는 지난 2017년 2월 서울에서 열린 제2회 선학평화상 시상식에서 전 세계를 향해 난민 위기와 해결을 위해 행동하자고 호소했다.

"2016년 전 세계에서 6,000만 명 이상의 난민이 강제로 고향을 떠났지만 우리는 그들의 희망에 귀를 기울이지 않고 있습니다. 난민들의 조각난 삶을 회복하기 위해 형제애와 연대를 실천해야 하고 모두가 이 같은 노력에 진정으로 동참해야 합니다."

현재 이머전시는 이탈리아 내 이민자들과 빈민들을 위해 이동 진료소를 운영하고 있다. 이탈리아 헌법 제32조에는 '공화국은 지역사회 이익을 위해 모든 개인의 건강을 기본 권리로서 보호하고, 가난한 사람들에게 무료로 의학적 치료를 보장한다.'고 명시되어 있다. 하지만 헌법의 원칙에도 불구하고, 점점 많은 사람들이 의학적 치료에 접근하지 못한다. 극심한 빈곤 때문이다. 언어 문제와 거주 허가의 부재는 외국인에게 가장 흔한 장애물이며, 경제위기와 공공지출 삭감은 늘어나는 이탈리아인들의 기본 권리를 위협하고 있다.

'난민 위기'에 대처하는 유럽은 겉으로는 평화와 민주주의와 기본권의 원칙을
강력히 고취하고 있지만, 전쟁과 빈곤을 피해 도망 온 수천 명의 사람들에게
기본적인 도움과 접근을 거부하고,
문화적인 벽과 정치적인 장벽으로 이루어진 요새를 세우고 있었다.

의료 보장 권리가 거부된 이민자와 빈곤층에게 의료 서비스를 제공하기 위해 이머전시는 이탈리아에서의 활동을 크게 확대하고 있다. 사실 이머전시가 2006년 팔레르모에 외래환자 진료소를 개설하였을 때, 이탈리아에서의 작업이 현재 규모로까지 확장될 줄은 몰랐다. 그러나 급속도로 늘고 있는 이민자와 가난한 사람들에게 기본적이고 전문적인 치료를 제공할 필요를 느껴, 마르게라 베네치아와 폴리스테나 레지오 칼라브리아에도 진료소를 개설했으며, 2015년 9월에는 나폴리에 5번째 외래 진료소를 개설했다.

현재 이탈리아 남부의 의료 상황은 수요에 비해 공급이 턱없이 부족한 실정이다. 이머전시는 다양한 요구에 대응하기 위해 시골 지역으로 농장 노동자를 위한 이동 진료소를 파견했으며, 에밀리아로마냐 지진 여파의 노숙자에게도 의료서비스를 제공하고 있다. 또한 사회 의학적 도움을 제공하는 안내소를 개설하여 아픈 사람들이 그들의 권리를 배울 수 있고 공공 서비스 지원을 요청할 수 있게 했다. 시칠리아의 이동 진료소는 아프리카에서 건너온 이민자들에게 의료 서비스를 제공하고 있으며, 소수 고아 이민자들에게 건강관리 외에도 문화 중재 서비스를 지원하고 있다. 이동 진료소 네트워크를 통해 전국의 이민자와 기타 취약 계층을 지원한다.

시칠리아 섬 시라쿠사에는 최근 이민자들이 급격히 늘고 있다. 2014년에는 17만 명 이상의 난민이 입국했는데, 많은 수가 동반자 없는 미성년자이며 취약한 사람들이다. 이동 진료소의 의사와 간호사들은 언제나 사회문화 안내자들과 동행하는데, 이들은 환자들에게 그들의 권리를 알려주고 국가 의료서비스의 혜택을 받도록 돕고 있다. 공공시설에서 전문 검사를 받을 때 언어 문제가 있는 경우에는 동행하기도 한다. 힘없고 가난한 이민자들에게는

누구도 난민에 대해 깊은 관심을 보이지 않고 있습니다.
그러나 유럽으로 들어오는 난민들에게 인간적으로
좀 더 따뜻한 관심을 가져야 합니다.
이들의 불안정한 문제를 해결해야만 전 세계가
평화로워질 수 있습니다.

의료서비스 뿐만 아니라 기본적인 생활을 위한 지속적인 보살핌이 필요하기 때문이다. 지노 스트라다 박사는 세계 평화는 전 세계에서 불안한 채로 남겨지는 사람이 없을 때 비로소 이루어질 수 있다고 호소한다.

"누구도 난민에 대해 깊은 관심을 보이지 않고 있습니다. 그러나 유럽으로 들어오는 난민들에게 인간적으로 좀 더 따뜻한 관심을 가져야 합니다. 이들의 불안정한 문제를 해결해야만 전 세계가 평화로워질 수 있습니다."

9. 궁극적인 목표는 이머전시가 사라지는 것

2014년, 로마에서 이머전시 창설 20주년 기념행사가 있었다. 지노 스트라다 박사는 이 자리에서 이머전시에 대해 다음과 같이 소개했다.

"1994년에 설립된 이 협회는 전쟁, 지뢰 및 빈곤의 희생자들에게 무료 외과 치료와 높은 품질을 제공하기 위해 설립되었습니다. 이머전시는 단순 치료에서 에볼라 전염병에 이르기까지 정치적, 이념적 또는 종교적 차별 없이 어려움에 처한 사람들에게 무료 의료 지원을 제공합니다. 협회는 각 의료 시설들이 완전한 자율적 운영에 이를 때까지 의료·초의료적 2차 전문 기준과 표준을 제공하며, 수천 명의 자원봉사자, 의사들, 간호사들의 도움으로 운영됩니다."

1994년에 아내 테레사와 함께 전쟁, 지뢰 및 빈곤의 희생자들에게 고품질의 무료 의료와 수술 서비스를 제공하기 위해 창설한 비정부기구. 그가 응급실에서 수술을 하는 동안 테레사는 이머전시를 관리하여 이탈리아의 조직 기반을 마련했으며, 테레사가 사망한 후에는 딸 세실리아가 대표직을 맡아왔다. 가족의 일생이 고스란히 담긴 조직이다. 그럼에도 그는 궁극적인 목표는 이 조직이 사라지는 것이라고 가차 없이 말한다. 세계에서 전쟁이 사라지는 날, 이머전시의 사명도 끝이 난다고 생각하기 때문이다.

해마다 전 세계에서 여성과 어린아이를 비롯한 무기를 들지 않은 수많은 사람들이 죽어간다. 상처를 입거나 손발을 잃는 사람의 수는 그 몇 배를 넘을 것이다. 이머전시는 구급 의료의 현장 경험이 풍부한 의사와 기술자가 힘을 합쳐 오늘도 여전히 분쟁 지역에서 의료 구호 활동을 펼치고 있다. 직원들은 현지인과 국제 인력이 조화롭게 섞여있다. 직원 중 95%는 현지인으로 구성되어 있고, 단 5%만이 국제 인력이다. 그런데 이 5%의 국제 직원들이 전문적 수준의 훈련 프로그램이 없는 국가에서 항상 현지 직원의 교육에 심혈을 기울이고 있다. 특히 활동의 거점 역할을 하는 병원에서는, 의료진이 그 나라를 떠난 후에도 의료 시스템이 기능할 수 있게끔 현지 인력을 길러내는 일에 힘을 쏟고 있다. 설립 초기에 비해 직원들이 많이 늘긴 했지만 이머전시는 항상 더 많은 직원이 필요하다. 그러나 전쟁으로 파괴된 국가에서 일을 해야 하다 보니 오랜 시간 동안 일할 사람을 찾기란 쉽지 않다. 생명을 담보로 하는 일이기 때문에 평균적인 교대 기간은 약 3~6개월로 짧은 편이다.

그렇지만 이머전시의 규모는 날로 확장되고 있다. 이머전시의 순수한 인도주의에 공감하는 사람들이 늘고 있다는 증거일 것이다. 이탈리아에는 이머전시와 연계된 약 160개의 지역 단체가 있으며, 많은 자원 봉사자가 활동하고 있다. 각 지역 그룹은 대중에게 평화와 연대 문제에 대한 인식을 높이고 정보를 제공하기 위한 목적으로 각 지역의 회의·이니셔티브를 조직화하고 있다. 활동 홍보를 위해 학교 교육에 참여하거나 기금 모금 전시회, 콘서트, 쇼, 연회와 같은 이벤트 마련에 대한 회의와 토론을 한다. 매년 자원 봉사자들이 훈련과 업그레이드를 위해 전국 대회에 모이며, 토론, 전시회, 콘서트 등 일부는 대중들에게 무료로 공개된다. 구성원들의 희생과 열정으로 한 땀 한 땀 빚은 이머전시, 지노 스트라다 박사가 밝히는 이머전시의 궁극적인 목표는 명쾌하고도 놀랍다.

"궁극적인 목표는 이머전시가 사라지는 것이다. 사람들에게 우리가 더 이상 필요하지 않아서 문을 닫는 것이다. 나는 그것이 꿈이라는 것을 알고 있다. 궁극의 꿈이다."

이머전시는 구급 의료의 현장 경험이 풍부한
의사와 기술자가 힘을 합쳐
오늘도 여전히 분쟁 지역에서 의료 구호 활동을 펼치고 있다.
직원들은 현지인과 국제 인력이 조화롭게 섞여있다.

제3장

관점의 변화, 평화의 시작

1. '생명'을 위해서라면
탈레반과도 협상할 수 있다

2001년 국제 연합의 공격이 시작되기 6개월 전, 이머전시는 당시 격렬하던 탈레반과 무자헤딘 사이 전쟁 피해자를 위한 외과 센터를 개설하러 아프간의 수도 카불에 도착했다. 이머전시는 단 몇 개월 만에 탁아학교를 전쟁수술에 전문화된 병원으로 바꿨으며, 그 후 몇 년간 추가 중환자실과 모니터, 인공호흡기, CT 스캔 장치를 설치하며 센터를 확장했다. 나토가 탈레반과의 협상은 불가능하다고 하던 때에, 지노 스트라다 박사는 그들의 전선 뒤에서 병원을 운영하기 위해 탈레반과 협상을 했다. 무엇보다도 그는 외과의사로서의 자부심이 있었으며, 해야 할 일에 대한 도전을 서슴치 않았다. 어떻게든 꺼져가는 생명의 불씨를 살리는 것이 의사의 윤리라는 확고한 생각에서다.

2014년 12월 28일로 나토(NATO:북대서양조약기구)의 아프가니스탄 임무는 끝이 났다. 13년의 전쟁 동안 13만 명 이상의 외국 군대와 42억 달러가 아프가니스탄의 보안군에 투입되었으나, 상황은 특히 민간인들에게는 악화되었다. 국제적십자(ICRC)는 '전쟁이 끝났'며 95%의 직원을 아프가니스탄에서 철수시켰고, 나토(NATO)군은 단 한 개의 민간병원도 짓지 않았다. 그러나 아직도 환자들은 넘쳐났다. 당시부터 현재까지 아프간에는 4개의 이머전시 병원과 34개의 진료소가 운영되고 있다. 지노 스트라다 박사는 전쟁이 결코 끝나지 않았다고 생각하기 때문에 병원을 철수할 수 없었다.

"전쟁은 끝난 것이 아닙니다! 오히려 싸움이 카불에 점점 가까워지고 있어요. 나토(NATO) 철수 이후 사상자 수가 40%나 증가했습니다. 그것은 완전히 범죄입니다. 나토(NATO)군은 그들만의 의료 백업시스템이 있습니다. 그러나 현재 아프간에는 아무도 남아있지 않습니다. 게다가 국제원조기구들이 제공하는 구호활동들에 대한 비용은 결국 아프간 정부가 부담해야 할 것입니다. 즉 극소수만이 치료를 받을 수 있고 나머지 사람들은 아무런 치료도 받지 못한다는 말이지요. 따라서 상처를 입거나 병이 나면 그저 죽을 수밖에 없다는 것입니다."

3년간 이머전시는 아프간 전쟁터의 병원 하나를 개원하고 운영하는 데 3백만 유로가 들었다. 이는 1년간 3명의 서양 군인들에게 드는 비용과 엇비슷하다. 이에 대해 지노 스트라다 박사는 전쟁을 벌이는 것은 인간의 도리가 아니라고 일갈한다.

"전쟁은 인간이 취할 방식이 아니라 더럽고 잔인한 방식일 뿐입니다. 누구든 인도주의적인 전쟁에 관해 이야기하는 사람은 오래도록 정신과 치료를 받아야 한다고 생각합니다. 인도주의적 전쟁은 완전히 허튼소리입니다. 사람들이 전쟁에 대해 어떤 명분을 갖다 붙이든지 전쟁의 최종적 결과는 90%의 무고한 시민들의 생명이 희생된다는 것입니다."

지난 몇 년 동안, 카불 근처에서의 전투와 공격은 일상이 되었다. 늘어나는 전쟁 피해자 치료의 향상을 위해 2014년 새로운 수술실과 중환자실, 보조 중환자실의 재구성을 통해 병원을 확대했다. 카불 병원은 아프가니스탄 보건부에 의해 응급 수술과 외상학 훈련소로 공식 인정받아, 2014년에는 45명의 아프가니스탄 간호사들을 위한 환자분류법 강좌를 열었고, 정부에 의해 선발된 32개 지역, 131명의 외과 의사들에게 응급 수술과 외상학 강좌를 제공하였다. 전쟁 10년 만에 아프가니스탄 남서부의 헬만드는 나라에서 가장 위험한 지역이 되었다. 가미가제 공격, 국제군에 의한 폭격과 지뢰는 수천 명의 무고한 시민을 포함한 피해자를 만들었다. 폭력이 난무하는 전투 속에서 무료 치료 센터가 없는 헬만드의 라시카르가에 전쟁 피해자를 위한 병원을 개설했다. 전쟁수술과 정형외과, 그리고 14살 이하 환자의 외상 수술이 두 가지 주요 입원 기준이었으나, 부상자의 수가 늘면서 2013년 6월에는 전쟁수술 환자로만 국한했다.

2014년에 상황은 더욱 악화되어 2013년에 비해 13% 이상의 전쟁 부상자가 입원하였다. 이런 상황에 대처하기 위해 2014년 7월, 조제실을 정형외과 병동으로 바꿨다. 악화되는 국가 보안 상황으로 환자들에게 즉각적인 응급 조치를 제공하고 필요시 병원으로 빠르고 안전하게 환자를 이송하기 위해 중심지 근처에 새로운 5개의 응급 처치소를 개설했다. 이머전시는 카불의 주요 수용소들의 수감자들을 위한 건강관리도 제공했다. 2003년부터 9,000명의 구금자가 있는 아프가니스탄의 가장 큰 감옥인 폴이차르키의 5블록에 5개의 의료 센터를 개설하였고, 교도소 내부의 끔찍한 생활 조건으로 인해 주로 감염증, 호흡기·소화 기관의 불편함을 호소하는 수감자들을 치료했다. 직원들은 정부 수용소, 수사 감옥, 여성 수용소, 카불의 청소년 재활 센터를 위한 건강 센터도 운영하고 있다.

인류가 수천 년 동안 서로 죽이려고 치열하게 전쟁하고 싸우는, 대학살을 멈추기 위해서는 전 세계가 전쟁이 완전히 사라지도록 끊임없이 노력해야한다. 그는 한 인터뷰에서는 이런 질문을 받았다.

"미국의 정치학자 에드워드 루트왁은 당신이 이전에 아프가니스탄에 있는 당신의 시설을 공격한 탈레반에게도 기꺼이 의학적 도움을 제공할 것이라고 말했기 때문에, 이탈리아에서 우스운 이미지를 남겼다고 지적했습니다. 이탈리아에서 대통령 후보로 거론되기도 했는데 말입니다. 그는 탈레반과의 협상은 1944년 나치에게 도움을 준 것과 같을 것이라고 비판했는데, 이에 대한 당신의 반응이 궁금합니다."

이에 대한 지노 스트라다 박사의 답은 명쾌했다.

"이런 종류의 발언에 대한 나의 반응은 매우 간단합니다. 인권은 모두를 위한 것입니다. 인류의 한 부문에만 특권을 부여한다면, 굳이 인권을 외치지 않아도 됩니다. 나는 외과의사입니다. 총상이나 심장 마비로 병원에 오는 사람이 생기면 무엇을 해야 할까요? 이 환자들에게 누구를 투표할 것인지, 정치적 견해는 무엇인지, 종교는 무엇인지 당신의 이데올로기는 무엇인지 묻겠습니까? 인권은 모두를 위한 것이고, 저는 적이 없습니다. 그리고 제 의무는 어려운 사람들에게 규정이나 차별 없이 내가 할 수 있는 최선의 치료를 제공하는 것일 뿐입니다."

세계의 비극에 맞서기 위해 오늘도 지노 스트라다 박사는 수술실에서 집도를 도맡고 있다. 고령의 나이에도 그가 지키고 있는 신념은 단순하다. 인권이란 살아있는 모든 인간이 동등한 권위를 갖는다는 것이다. 그 때문에 빈부격차에 따라 a, b, c로 나눌 수 없고, 돈이 있건 없건 '치료 받을 권리'가 있다는 것이다.

"수술 후에 심장이 다시 뛰고, 환자가 눈을 깜빡이는 것을 보면 매우 이상한 느낌이 듭니다. 죽어가던 심장이 다시 뛰고 생명이 다시 살아나는 장면은 정말 아름답습니다."

꺼져가는 생명을 살리는 것은 의사의 제1미션이다. 환자가 누구든 어떤 삶을 살아온 사람이냐는 생명을 다루는 의사에게 중요한 변수가 될 수 없다. 절박한 사명감으로 가득한 생명 구호의 모습, 이는 의사라는 직업을 가진 지노 스트라다 박사가 걸어온 길이자 그가 앞으로 걸어갈 길의 모습이다.

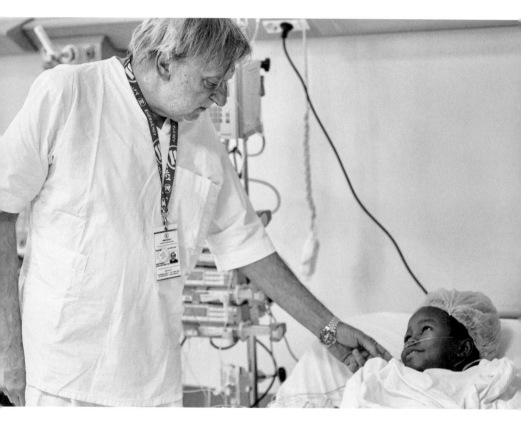

"수술 후에 심장이 다시 뛰고,
환자가 눈을 깜빡이는 것을 보면 매우 이상한 느낌이 듭니다.
죽어가던 심장이 다시 뛰고 생명이 다시 살아나는 장면은
정말 아름답습니다."

2. 의술은 사업이 아니다

"건강이 사업이 된다면, 환자가 고객이라면, 그것은 의학이 끝났다는 것을 의미합니다."

지노 스트라다 박사는 최첨단 시설을 고집한다. 아프리카 병원 설립에 대한 기존의 접근 방식과는 180도 다르다. 아프리카의 건강 지표는 200년 전 유럽의 상황과 매우 유사하다. 현재 아프리카의 의학은 매우 낮은 수준이고, 많은 사람들은 고통스럽게 죽어가고 있다. 지노 스트라다 박사는 이런 아프리카의 열악한 상황을 개선하기 위해서 200년 전 유럽의 상황을 자주 떠올려본다. 의술이 막 시작됐을 때는 마치 마술과 초자연적인 시행착오의 혼합과도 같았다. 인류는 그것의 과학화를 시도했고, 이를 위해 대학을 설립했다.

지노 스트라다 박사가 아프리카 대륙에서 활동을 시작했을 때는 마치 200년 전의 유럽처럼 모든 것이 허술했다. 의료 시설은 매우 비위생적이었고, 직원들은 적극적으로 움직이지 않았으며, 환자는 가족들과 뒤섞여 있었다. 의료시설은 모두 유료였고 아무것도 사용할 수 없었다. 인류가 지금까지 쌓아 온 선진적인 의술의 도입이 시급했다. 그는 고민했다. '아프리카의 아이들이 보스턴 어린이 병원 같은 수준의 의료 혜택을 받으려면 어떻게 일이 진행되어야 할까?'

완전히 새로운 방식으로 접근한다면 가능한 일이다. 예를 들어 표준 시설을 확립하고, 의료체계를 탑다운 방식으로 만들어 자격을 갖춘 인력을 훈련하게 되면 다른 곳과 동일한 수준으로 도움을 줄 수 있다. 이렇게 되면 간단한 소아과 외래 진료소에서도 어린 환자의 류머티즘 열병에 대한 초기 진단을 할 수 있다. 만약 그럴 수만 있다면 큰 병원인 심장외과 센터에서 진료받기를 기다리다 죽음에 이르지 않을 수 있다. 어렵거나 불가능한 상황에서도 탁월한 결과를 얻을 수 있는 '복제 가능한 모델'이 있다면, 가능성이 열리게 되는 것이다. 지노 스트라다 박사는 문제 해결 방법을 말로 제시하는 것보다 문제 해결의 '기회 창출'에 더 관심이 많다. 그러한 사유의 결과로 탄생한 것이 수단의 '살람 심장외과 센터'다.

이런 이머전시의 병원은 아프리카의 의료체계 실행 방식에 적잖이 영향을 미치고 있다. 특히 이 센터는 수단과 다른 아프리카 국가 중 유일한 무료 심장 수술 병원으로, 의료를 기본권으로 인식시키는 데 큰 기여를 하고 있다. 그동안 수단의 건강 정책에는 몇 가지 변화가 있었다. 단지 1, 2파운드였지만 마치 영화를 보러 갈 때 돈을 내는 것처럼 친구나 친척을 방문하기 위해 병원에 갈 때마다 돈을 내야 했다. 하지만 마침내, 소아 건강관리는 무료가 되었고 이제 그들은 산부인과 서비스도 무료가 되어야 한다고 느낀다. 이렇듯 느리긴 하지만 센터는 일정한 방향으로 변화를 보이고 있다. 많은 병원의 위생 수준 역시 크게 향상되었다. 유럽에서 수백 년이 걸렸던 긴 과정이다. 지금도 전 세계적으로 많은 의료 서비스는 무료가 아니다. 불행하게도 지난 30~40년간 의학은 자동차 판매와 같은 사업일 뿐이라는 생각이 많았다. 약물이나 의료를 판매하는 사람들도 마찬가지다. 지노 스트라다 박사는 "이것은 매우 나쁜 생각이다"라고 말한다.

아프리카뿐만이 아니다. 우리는 의술이 돈벌이가 되는 현상을 유럽에서 목도하고 있다. 더 많은 사람들이 의료기관에 지불할 여유가 점점 없어지고 있다. 이머전시는 이탈리아 남부의 가난한 이민자들을 위해 진료소를 열었다. 그런데 이민자들을 대상으로 처음 센터를 열었을 때, 환자의 20~25%가 서비스 비용을 지불할 여력이 거의 없는 이탈리아 사람이라는 사실을 알게

지노 스트라다 박사는 아프리카인들의 인권도
같은 기준으로 바라봐야 한다고 생각한다.
아프리카인들에게도 생명권 수호를 위해 선진국과
비슷한 수준의 의료 혜택을 받을 권리가 있다.

되었다. 가난한 이민자뿐 아니라 유럽인들도 적절한 의료 서비스를 받지 못하고 있었던 것이다. 공공 의료 혜택과 기금의 문제는 모든 유럽 사회와 관련된 전반적인 문제이기도 하다. 이탈리아의 연간 의료 예산은 약 1천억 달러로, 그중 30%는 사설 기관과 공공시스템 환급제도 간의 조정을 통해 투자자의 주머니로 들어간다. 이 때문에 의료 혜택이 필요한 이탈리아인들에게 적절한 서비스가 제공되지 못하고 있는 것이다.

그러나 이머전시는 다르다. 센터는 높은 수준의 의료서비스를 유지하는 반면 조직에는 이익이 없다. 의료진들은 생활을 위한 기본적인 급여만을 받고 있다. 그 때문에 합리적인 비용으로 아프리카에 고품질 의료 센터를 두는 것이 가능하다. 심장 개복 수술을 할 때 필요한 비용은 3천 유로이다. 문제는 이탈리아의 병원의 비용이 2만 유로라는 사실이다. 나머지 돈은 다 어디로 들어가는 걸까? 지노 스트라다 박사는 "건강이 사업이 된다면, 환자가 고객이라면, 그것은 이미 의학이 끝났다는 것을 의미합니다."라고 말한다.

말라리아, 결핵 또는 간염 환자와 심장 질환 환자의 치료 비용과 비교해 본다면 심장 처리 비용이 훨씬 더 많이 든다. 건강을 위해 무엇을 할 것인가 결정하는 기준을 돈으로 놓고 본다면 백신과 항생제로 더 많은 사람들에게 혜택을 주는 것이 훨씬 나을 수 있다. 하지만 인권을 놓고 보면, 상황이 완전히 바뀐다. 보스턴이나 워싱턴에 있는 병원의 누군가에게 궤양이나 위염이 있으면 치료하는 데 문제가 없다고 생각한다. 그런데 암에 걸린 사람에게 화학 요법이 필요한데 치료 비용이 비싸 감당할 수 없다고 상상해보라. 만약 미국에서 그런 일이 발생한다면, 미국인들은 거리로 뛰쳐나가 시위할 것이다. 지노 스트라다 박사는 아프리카인들의 인권도 같은 기준으로 바라봐야 한다고 생각한다. 아프리카인들에게도 생명권 수호를 위해 선진국과 비슷한 수준의 의료 혜택을 받을 권리가 있다.

이머전시는 수단의 살람 심장외과 센터와 같이 아프리카의 모든 사람이 무료로 좋은 치료를 받을 수 있는 권리를 보장해야 한다고 생각한다. 이 모델을 논의하기 위해 이머전시는 2008년 아프리카 국가들의 보건부 대표단을 베네치아 라군의 산 세르볼로 섬으로 초대하여 '아프리카 의료체제 구축'이라는 세미나를 열었다. 이머전시와 중앙아프리카공화국, 콩고민주공화국, 이집트, 에리트레아, 르완다, 시에라리온, 수단, 우간다의 대표들이 함께, 어떻게 아프리카 국민들에게 무료의 수준 높은 의료를 보장할 것인가에 대해 토론하였고, 세미나의 결론으로 '의학에 기반한 인권 성명'이 만들어졌다.

성명의 핵심은 '치료 받을 권리'란 인간 사회의 모든 구성원의 기본적이고 양도할 수 없는 권리라는 것을 인식하여 평등, 고품질, 사회적 책임을 기반으로 하는 의료 서비스를 요구하는 것이다. 이 원칙들에 기반하여 2010년 11개국이 아프리카 대륙의 의료 시스템을 강화하기 위해 최상의 의료 센터를 지으려는 프로젝트인 아프리카 의료 전문 네트워크(ANME)가 개발되기에 이르렀다. 생명을 살리는 의술은 결코 돈을 벌기 위한 사업이 되어서는 안 되고, 지구촌 누구라도 21세기 의료 발전의 혜택을 동등하게 누릴 권리가 있다는 데에 아프리카 정부의 인식이 바뀌고 있는 것이다.

〈의학에 기반한 인권 성명〉의 주요 내용

"인류 가족의 모든 구성원들의 고유한 존엄성과 평등하고 양도할 수 없는 권리들에 대한 인식은 세계의 자유와 정의, 평등, 평화의 기초입니다." (서문)

"모든 인간은 자유롭고 평등한 존엄성과 권리를 가지고 태어났다." (1조항)

"모든 인간은 … 및 의료관리의 권리를 가진다." (25조항)

저희는 선언합니다.

"치료받을 권리(right to be cured)"는 인류 공동체의 모든 구성원에게 기본적이고 양도할 수 없는 권리입니다.

그러므로 저희는 지지합니다.

도움을 필요로 하는 환자들의 삶의 보호, 연장, 개선을 위해 의료체제와 프로젝트의 실행에 전념합니다. 그 실행은 다음의 원칙에 의거합니다.

평등

모든 인간은 경제적, 사회적 조건, 성별, 민족, 언어, 종교, 의견에 관계없이 치료를 받을 권리가 있습니다. 의학의 진보로 가능한 최상의 치료는 반드시 모든 환자에게 차별 없이 공평하게 제공되어야 합니다.

고품질

양질의 의료 수준은 반드시 모든 이들의 요구에 기반해야 하며, 반드시 의학의 진보에 적응해야 합니다. 이는 어떠한 의료 산업의 로비나 기업체에 의해 인도, 기획, 결정될 수 없습니다.

사회적 책임

정부는 반드시 시민들의 건강과 복지를 우선적으로 고려해야 하며, 이 목적을 이루기 위해 필요한 인적자원 및 재원을 반드시 할당해야만 합니다. 국가 의료 시스템 및 보건 분야 인도주의적 프로그램에서 제공되는 의료 서비스들은 반드시 무료이고 모든 이에게 접근이 가능해야 합니다.

저희는 인식합니다.

평등, 고품질, 사회적 책임(EQS, Equality, Quality and Social Responsibility)의 원칙에 기반한 의료 시스템과 프로젝트들이 인권을 준수하고 의학의 발전을 가능케 하며, 건강을 증진시키고 인적, 과학적, 물질적 자원의 강화 및 창출에 효과적임을 인식합니다.

저희는 착수합니다.

EQS 원칙에 기반한 정책, 의료 시스템, 프로젝트를 수립하고 개발합니다. 의료 부분에서 공동으로 필요한 것을 알아내기 위한 협력 및 공동 프로젝트를 계획합니다.

저희는 호소합니다.

다른 보건부 책임자들과 인도주의적 단체들에게 이 성명서에 서명하고 저희의 EQS 원칙에 기반한 의료 증진에 참여할 것을 호소합니다. 개인 후원자와 국제사회의 경제적 후원 및 EQS 원칙에 기반한 프로그램의 기획 및 운영에 참여할 것을 호소합니다.

3. 대인지뢰 생산을 반대한다

"이탈리아는 지뢰 생산을 중단해야 합니다!"

1995년 이머전시는 이란 국경선 근처인 이라크 자치구의 한 마을, 쵸만에 병원을 재개했다. 쵸만에는 지뢰가 많이 퍼져 있었는데, 대부분이 이탈리아에서 만들어진 것들이었다. 쵸만에서 가장 흔한 모델은 브레시아에서 만든 파편형 지뢰 발마라 69로, 폭발 시 반경 25m 이내의 사람을 죽이고, 반경 200m 이내의 사람에게는 심각한 상처를 입힌다. 처음에는 쵸만의 병원에서, 나중에는 이머전시가 세운 에르빌과 술라이마니야의 센터에서, 가축을 목초지에 데려가 물을 먹이고 놀게 하던 중 지뢰를 밟은 남성과 여성 그리고 아이들을 치료했다. 그들은 군인이 아니었다. 단지 평범하게 살던 사람들이었다. 이처럼 이라크 자치구에서 이머전시 의사들은 최악의 전쟁 잔재 중 하나에 대처해야 했다. 아직까지 70여 개국에는 1억 개의 폭발하지 않은 지뢰가 있는 것으로 추정되고 있다.

이머전시의 의사들은 수술대에서 목격한 것들을 사람들에게 말하기 시작했다. 지노 스트라다 박사는 마우리지오 코스탄조 TV쇼에 출연하여, 인명 살상용 지뢰의 파괴성에 대해 역설했다. 이러한 이머전시의 지뢰 반대 활동은 이탈리아에서 큰 관심을 받았다. 많은 사람들에게 이것은 사건의 폭로와 다름없었다. 이탈리아가 지뢰의 주요 생산국이며 수출국이었다는 사실은 그때까지 언론에 많이 보도되지 않았기 때문이다. 이머전시는 이탈리아에서 대인지뢰를 추방할 것을 꾸준히 요청하였다.

"지금도 전 세계 어딘가에서 20분마다 처참한 의식이 반복되고 있습니다. 지뢰가 폭발하고 새로운 부상자와 손발을 잃은 자가 나오고 죽어 나가는 사람들도 흔하디 흔합니다. 나라와 이름, 피부색은 다를지언정 이런 불행한 사람들의 비극은 늘 한결같습니다. 초원을 걷고 있던 사람, 마당에서 놀고 있었거나 염소 떼를 끌고 목초지로 가던 사람, 땅을 일구고 과일을 따던 사람들. 그리고 폭발…. 대부분의 희생자들은 아무것도 기억하지 못합니다. 귀청을 찢는 굉음이 들리고 순식간에 땅바닥에 내동댕이쳐집니다. 희미하게나마 정신을 차렸을 때는, 엉망진창이 된 옷가지, 흥건한 피와 괴상하게 그을린 살덩어리들 속에 누워 있습니다."

대인지뢰, 발로 고무판을 밟거나 다리에 금속 선이 닿거나 하는 여러 가지 모습으로 기계, 전기와 화학 메커니즘이 일어나 작동되는 기폭 장치. 그것은 크기가 볼펜 뚜껑만한 작은 물체인데, 순도 높은 폭약으로 만들어진 것들이다. 그리고 폭발하면서 지뢰 속에 든 다른 폭약을 남김없이 작열시킨다. 폭발의 메커니즘, 기폭장치 그리고 폭약…. 이것은 모조리 생명력이라고는 눈곱만치도 없는, 기술자와 군대를 위한 것들이다. 이러한 과정을 '폭발의 먹이 사슬'이라고도 부른다. 그러나 사슬의 마지막에 만신창이가 된 여자아이가, 남자아이가 있다는 것은 금세 잊히고 만다. 폭발은 원뿔을 거꾸로 한 모습으로 위로 솟구친다. 그 사이 아이의 다리와 뼈는 산산이 조각나고 근육은 엉망으로 망가지며 살은 타서 눌어붙는다. 천진했던 아이들의 삶이 비극으로 망가지는 순간이다.

지노 스트라다 박사는 그동안 아시아, 아프리카, 중동, 라틴 아메리카, 유럽에서 상처 입고 죽음에 이른 이들을 수없이 보아왔다. 아프가니스탄 국경 인근의 파키스탄 도시 퀘타에서 대인지뢰 희생자를 맨 처음 수술한 이래 그는 오랫동안 총탄이나 로켓, 폭탄의 파편에 다친 수천 명의 사람을 수술해왔다. 이탈리아가 이 폭파 장치의 주요 제조국이었기에 이머전시는 이탈리아에

지노 스트라다 박사는 그동안 아시아, 아프리카, 중동, 라틴 아메리카,
유럽에서 상처 입고 죽음에 이른 이들을 수없이 보아왔다.
아프가니스탄 국경 인근의 파키스탄 도시 퀘타에서
대인지뢰 희생자를 맨 처음 수술한 이래 그는 오랫동안 총탄이나
로켓, 폭탄의 파편에 다친 수천 명의 사람을 수술해왔다.
이탈리아가 이 폭파 장치의 주요 제조국이었기에 이머전시는
이탈리아에서 대인지뢰 생산 반대 캠페인을 대대적으로 벌였다.

서 대인지뢰 생산 반대 캠페인을 대대적으로 벌였다. 신문 기고, 학교에서의 회의, 토론 및 전시회 등을 통한 집중적인 캠페인으로 지뢰는 대중들의 관심사가 되었다. 이머전시는 공개적으로 국방부 장관에게 지뢰에 대한 구체적인 조치를 취할 것을 요청했다. 1994년 8월 2일, 이탈리아 의회는 인명 살상용 지뢰 생산 및 수출 유예를 촉구하는 결의안을 통과시켰다.

'케아카우스 아민 아흐메드(Keakaws Amin Ahmed), 30세, 사냥 중에, 왼쪽 다리 절단; 와히드 카림(Wahid Karim), 32세, 금속 채집 중에, 오른쪽 다리 절단; 사이드 마지드(Saeed Majeed), 43세, 금속 채집 중에, 다발성 상해···'

이머전시 술라이마니야 병원의 접수 기록에서 발췌한 내용은 이탈리아 대통령 오스카르 루이지 스칼파로에게 보내지는 엽서의 문구가 되었다. 더불어 이탈리아에 의한 지뢰의 생산, 마케팅, 사용을 금지하기 위한 '신속한 토의 및 법률 혹은 법률 초안 승인' 그리고 국제적인 단위 전면 금지와 피해자를 위한 인도주의적인 구호, 지뢰 제거 작업 착수를 위한 모두의 노력을 요구하였다.

1996년 여름, 백만 장 이상의 엽서가 대통령에게 보내졌다. 인명 살상용 지뢰를 반대하는 국제적 항소에는 같은 해 12월 노벨상 수상자들이 서명을 했다.[6] 1997년 12월 3일, 이탈리아 정부는 오타와의 인명 살상 지뢰 반대 협약에도 서명하였다. 이 협약은 인명 살상 무기의 사용을 금지하고 비축된 지뢰의 파괴를 명하는 것으로, 이머전시는 이탈리아의 새로운 법안 추진에 존경을 보냈다. 더불어 지뢰 제거 작업과 희생자를 위한 구호의 실시를 요구했다. 마침내 이탈리아 정부는 1997년 10월 22일, 대인지뢰 제조 및 매매를 금

6) 리타 레비 몬탈치니(Rita Levi Montalcini), 아돌포 페레스 에스키벨(Adolfo Pérez Esquivel), 조셉 로트블랫(Joseph Rotblat), 엘리 위젤(Elie Wiesel), 잔 도우셋(Jean Dausset), 크리스티앙 드 두베(Christian de Duve), 프랭크 셔우드 롤런드(Frank

지하는 법안 374호를 승인하였다. 오타와 조약은 1999년 3월 1일에 발효되었지만 중국, 러시아, 미국을 비롯한 많은 나라들은 서명하지 않았다.

Sherwood Rowlands), 스티븐 웨인버그(Steven Weinberg), 케네스 조셉 애로 (Kenneth J. Arrow), 제임스 뷰캐넌(James M. Buchanan) 등이다.

4. 우리는 전쟁 없는 세계를 원한다

지노 스트라다 박사가 전쟁터 병원에서 수술한 대다수의 환자들은 민간인이었다. 전투원들은 죄다 눈에 보이지 않는 허깨비라도 되는 것인지 전쟁터 병원에서 전투원을 찾기 어려웠다. 지노 스트라다 박사는 전쟁터에 가서야 전쟁터의 주요 희생자는 전사가 아니라 민간인이라는 오슬로평화연구소(PRIO)의 분석을 이해하기 시작했다. 카불에서 수술한 4천 명이 넘는 환자들에 대한 데이터를 근거로 더욱 확신하게 되었다. 희생자의 93%가 일반 시민이고, 그중 34%가 14세 이하인 어린아이라는 이해할 수 없는 전쟁의 결과를 말이다. 그 후 그가 목격한 다른 전쟁에서도 변한 것은 없었다.

지난 세기에 민간인 사상자의 비율이 급격히 증가하여 1차 세계대전에서는 약 15%였는데, 2차 세계대전에서는 60% 이상으로 증가했다. 1차, 2차 세계대전이 끝난 후 지구가 경험한 160건 이상의 '주요 갈등'은 2천 5백만 명 이상의 생명을 앗아갔는데, 이중 민간인 비율 희생자는 꾸준히 늘어 전체의 90%를 차지했다. 아프간 분쟁에서도 마찬가지였다. 그는 전쟁으로 파괴된 지역에서 30여 년간 일하면서 이 잔인한 장면들을 수도 없이 목격했다. 더욱 슬픈 현실은 민간인 학살이라는 거대한 사회적 비극이 주로 보건시설이 거의 없는 지역에서 발생한다는 점이다.

지노 스트라다 박사는 의사로서 전쟁과 암을 비교한다. 전쟁은 질병과 마찬가지로, 받아들이거나 감내할 운명이 아니라 해결해야 할 문제로 간주되어야 한다는 것이다. 암은 인류를 괴롭히고 많은 희생자를 요구한다. 이것은 의학의 모든 노력이 쓸모없다는 것을 의미하는 것이 아니라 오히려 이 파괴적인 질병으로 인해 예방을 하거나 병을 물리치기 위한 노력을 하게 한다. 전쟁 없는 세상을 상상하는 것은 인류가 직면하고 있는 가장 자극적인 임무이다. 더불어 가장 시급한 과제이기도 하다. 원자 과학자들은 최후 심판 시계를 사용하여 인간에게 경고하고 있다.

"국제 지도자들이 인간 문명의 건강과 생명력을 유지하고 보존하는 데 가장 중요한 임무를 수행하지 못하고 있기 때문에, 최후 심판 시계는 이제 자정까지 3분이 채 안 남았다."

지노 스트라다 박사는 앞으로 수십 년 동안 가장 큰 도전 과제는, 강압과 폭력의 근원을 완전히 없애도록 유토피아의 조건을 생각하고, 계획하고, 실행하는 일이라고 여긴다. 치명적인 질병처럼 전쟁도 예방하고 치료할 수 있다는 것이다. 폭력은 올바른 처방이 아니다. 그리고 질병을 치료하지 못하면 환자는 죽게 된다. 이에 전쟁을 폐지하는 것이 첫걸음이다.

이전에 달성된 적이 없다는 측면에서, 이것을 '유토피아'라고 부를 수 있을 것이다. '유토피아'라는 용어는 불합리한 것을 지칭한다기보다 오히려 탐구하고 성취해야 할 가능성을 제시한다. 수년 전에는 노예제도 폐지도 '유토피아'처럼 멀게만 보였다. 18세기에 '노예의 소유'는 '정상적인 것'으로 간주하지만, 몇 십 년에 걸쳐 수억 명의 시민들이 함께하는 거대한 운동이 진행되면서 노예제도에 대한 인식이 바뀌었다. 오늘날 우리는 인간을 쇠사슬로 묶는다는 생각을 철회하고 노예제를 없앴다. 그 유토피아가 현실이 되었다. 전쟁이 없는 세계는 이제 더 이상 기다릴 수 없는 또 다른 구체적인 유토피아다. 지노 스트라다 박사는 전쟁이 시급하게 없어져야 한다는 것을 수백만의 사람들에게 확신시키고 있다. 그는 전쟁이라는 관념이 인간 역사에서 추방되고, 금기가 될 때까지 우리의 의식 속에 깊숙이 스며들어야 한다고 호소한다.

2001년 9월 11일, 미국에 대한 아프가니스탄의 공격은 국제 여론에 커다란 충격을 주었다. 그에 대한 대응은 신속했다. 공격 이후 한 달이 채 지나지 않은 10월 7일, 미국은 아프가니스탄을 폭격했다. 이것은 항구적 자유 작전의 일부로 테러에 대한 국제적 전쟁의 첫 행위였다. 아프가니스탄 정부였던 탈레반은 쌍둥이 빌딩을 공격한 책임이 있는 것으로 고려되는 알 카에다 테러집단을 후원해준 것에 대한 비난을 받았다.

아프가니스탄에 대한 군사 공격은 국제 사회에서 많은 후원을 받았으며, 이탈리아도 같은 입장을 취하게 되었다. 2001년 11월 7일, 이탈리아 의회는 헌법 제11조를 어기면서 92%의 찬성률로 국제적 군사 작전에 참여할 것을 승인하였다. 이것은 이탈리아 공화국 역사상 가장 초당적인 투표였고, 11일 후 600명의 이탈리아 군인들은 타란토 항구에서 아프가니스탄으로 가는 함대에 올랐다. 당시 그 전쟁은 공격받는 나라를 합법적으로 보호하기 위한 피할 수 없는 절차라고 여겨졌다. 이에 이머전시는 대대적인 반전 캠페인을 벌였다.

"전쟁은 일어나고 있고 계속되고 있습니다. 사람들을 죽여 왔고 앞으로도 죽일 것입니다. 병사들과 전략가들이 그들의 관점에서 전쟁이 끝났다고 생각할 수도 있지만 이는 계속될 것입니다. 생존자들과 훼손된 시체들의 비탄 속에서 지속될 것입니다. 땅속에 남아진 폭발성 장치 속에서 지속됩니다. 우리 중 많은 사람들이 이 전쟁에 찬성한다는 것을 압니다. 그러나 그것에 반대하는 사람들도 목소리를 내길 바랍니다.

반대를 표한다면, 흰색 천 조각을 핸드백이나 서류가방에 묶고, 집의 문

앞이나 발코니에 붙이거나, 개 줄, 자동차 안테나, 유모차, 아이 책가방 등에 묶으세요. 평화의 조각을. 많은 사람들이 이것을 보여줄 것입니다···. 그러면 누구도 이탈리아 사람들이 분쟁을 해결하려는 방법으로 전쟁을 선택했다고 말할 수 없을 것입니다.

이머전시는 개인만이 아니라 지방 의회, 교구, 협회, 학교 및 우리가 말하는 것에 동의하는 모든 사람들의 지지를 요구합니다. 이 메시지를 전파하는 것은 시작하는 방법의 하나입니다."

이머전시는 '전쟁은 피해자들에게 정의를 가져다주거나, 테러의 위험을 없애주지 않는다.'는 것을 안다. 많은 이들이 이러한 관점을 공유했고 이머전시의 일을 지지하기 시작했다. 모든 이가 전쟁에 반대하고 이탈리아 의회의 결정이 확실해지도록 만들기 위해, 이머전시는 사람들에게 '평화의 조각'으로 이것을 표현하기를 부탁했다. 그리하여 사람들의 손목이나 가방에 묶이거나 차에 달린 작은 하얀 천 조각은 '함께 사는 새로운 삶의 방식으로 폭력이나 테러, 전쟁이 아닌 새로운 해결 수단을 찾기를 바라는' 사람들의 상징이 되어 이탈리아 전역에서 나부끼게 되었다. 그리고 2002년 가을, 다시 한 번 전쟁은 피할 수 없는 것처럼 보였다. 이라크는 제1의 적이었으며, 존재하지 않는 대량살상 무기는 서구의 안전에 위협이 되고 있었다. 그리고 서구는 그 지역에 또 다른 군사 작전을 준비하고 있었다.

이머전시는 '전쟁 없는 이탈리아'를 외쳤다. 이머전시는 거대한 선거운동과 대중 동원을 통해 이탈리아 정부와 사람들에게 '전쟁 없는 이탈리아'라는 구호를 외쳤다. 2002년 12월 그 열기는 최고 절정을 이루었다. 세계 인권 선언 기념일과 같은 날에 250개가 넘는 횃불 행렬과 50만 명의 사람들이 이탈리아 전역의 거리에 쏟아져 나왔고 하얀 천 조각(a white rag of peace)과 무지개 깃발이 창문에 펄럭였다. 그 외에도 수백 개의 학교에서 회의가 있었고, 수십 개의 시도와 지방 협의회에서 캠페인 지지를 선언했으며, 50만 명의 사람들이 이머전시 웹사이트를 통해 '전쟁 없는 이탈리아' 운동에 서명했다.

"우리는 정의와 연대에 기반한 세상을 원합니다. 우리는 인간, 민족, 국가 간의 분쟁 해결 수단으로써의 폭력, 테러, 전쟁을 거부합니다. 우리는 이탈리아가 이라크에 대항하는 군사 작전의 위협에 관하여, 헌법에 따라 어떤 전쟁 행위에도 참여하지 않을 것을 요구합니다. 우리는 더 이상의 죽음에 연대 책임을 지고 싶지 않으며 테러의 소용돌이를 부추기고 싶지도 않습니다. 더 이상의 전쟁 없이, 사망 없이, 희생자 없이."

이머전시는 항소문과 모인 서명들을 공화국 대통령, 각료회의, 상공회의소 의장, 상원 의장, 여러 의원 단체들에게 전달했다. 이런 많은 사람들의 바람에도 불구하고, 2003년 4월 15일, 유엔 안전보장 이사회가 결의안 1483을 통과시키기 전에, 이탈리아 정부는 이라크 대한 '긴급 인도주의적 임무'에 대한 의회의 승인을 받아냈다. 전쟁에 대한 거부는 이탈리아 헌법의 기본 원칙이며 제11조에 명시되어 있다. 이머전시는 평화에 대한 요구에 힘을 싣기 위해, 같은 시기 3명의 법률 전문가 루이지 페르라 졸리(Luigi Ferrajoli), 도메니코 갈로(Domenico Gallo), 다닐로 졸로(Danilo Zolo)에게 '유엔 헌장과 헌법 제11조에 의해 선포된 전쟁 거부에 대한 원칙의 이행을 위한 규칙들'에

"우리는 정의와 연대에 기반한 세상을 원합니다.
우리는 인간, 민족, 국가 간의 분쟁 해결 수단으로써의
폭력, 테러, 전쟁을 거부합니다.
더 이상의 전쟁 없이, 사망 없이, 희생자 없이."

대한 대중 항소문의 초안 작성을 부탁했다. 이 항소문은 헌법 제11조의 효력을 발휘하고 효과적인 적용을 보장하며 위반되었을 경우 엄격한 제재를 가하는 것에 대한 일련의 보장을 열거하였다. 이에 이머전시는 법적 요구 사항인 5만 명을 훨씬 넘어 137,319명의 서명을 모았고, 2003년 6월 17일 이탈리아 의회의 법률 사무소에 제출했다.

"세계의 시민들은 더 이상 공포의 비극에 눈물을 흘릴 수 없습니다. 또 한 번의 폭탄 폭발은 차량 폭발로 이어지고, 또 다른 복수를 위해 많은 사람이 죽게 되고 점점 더 많은 죽음과 복수를 유발하게 됩니다. 이것의 다른 이름은 전쟁, 테러, 폭력입니다. 이것들은 같은 말입니다. 인간의 몸이 산산조각나고 인류를 영원히 잃어버립니다.

우리는 더 이상의 잔혹한 행위를 보고 싶지 않습니다. 서로 죽이기를 계속하는 인간은 인간이 아닙니다. 우리는 아무것도 남아나지 않을 이 소용돌이를 멈춰야 합니다. 옳고 그름, 죽음과 파괴의 끝없는 사슬이 있을 뿐입니다. 우리는 공격이나 전쟁 행위를 만들거나 계획하는 사람들에게 멈출 것을 요구합니다.

우리는 생각할 시간을 요구합니다. 그저 힘없이 이런 살인적 광기가 요동치는 것에 가만히 있을 수 없습니다. 폭력을 옹호하는 모든 대량학살의 비밀 조직자나 독재자 혹은 대통령에게, 우리는 간청합니다. 사격 중지!"

2003년 가을, 아프가니스탄과 이라크의 전쟁 악화로 터키, 팔레스타인, 체첸의 공격이 연이어 이어지고, 폭력의 소용돌이는 끊임없이 퍼지는 것이 당연한 것처럼 보였다. 이머전시는 전쟁을 멈춰야 한다는 항소를 시작했고, 이에 즉각적인 서명이 이루어졌다. 이에 세계적인 석학인 노암 촘스키 MIT

교수를 비롯하여 이그나시오 라모넷 르몽드 디플로마티크 편집자, 오스타 루이지 스칼파로 이탈리아 전 대통령(1992-1999), 리고베르타 멘추 1992년 노벨평화상 수상자, 리타 레비 몬탈치니 1986년 노벨의학상수상자, 다리오 포 1997 노벨문학상 수상자, 잭 스타인버거 1988년 노벨물리학상 수상자 등 세계적인 인사들이 서명했다.[7] 가장 먼저 서명을 한 사람 중에는, 전 UN 이라크 인도주의 프로그램의 책임자였고, 미국의 통상 금지 조치에 반대하였다가 사임한 한스 폰 스폰넥이 있었다. 이어 911 희생자 가족협회를 비롯한 수많은 이탈리아와 국제지역 의회와 협회들은 이 항소에 서명했다. 그리고 7만 6천 명 이상의 시민들이 이머전시 웹사이트를 통해 서명했다.

---

7) 이탈리아 발도 및 감리 교회 연합; 잉게 펠트리넬리(Inge Schoental Feltrinelli), 편집자; 에르만노 올미(Ermanno Olmi), 영화 감독; 리카르도 무티(Riccardo Muti), 오케스트라 지휘자; 피에트로 잉라오(Pietro Ingrao), 정치가 겸 작가; 카를로 오솔라(Carlo Ossola), 콜레주드(Collège de France) 교수; 파드레 알렉스 자노텔리(Padre Alex Zanotelli), 콤보니(Comboni) 선교사; 랍비 미카엘 레르너(Rabbi Michael Lerner), 잡지 티쿤(Tikkun)의 편집자; 사리 하나피(Sari Hanafi),팔레스타인 디아스포라 및 난민 센터 책임자; 페레츠 키드론(Peretz Kidron), 언론인 겸 작가; 예쉬 그불(Yesh Gvul), 점령 활동에 반대하는 이스라엘 병사 중; 실비 코야우드(Sylvie Coyaud), 언론인; 파리드 아들리(Farid Adly), 언론인; 헤베 드 보나피니(Hebe de Bonafini), 마드리드 디 플라자 드 마요(Madri di Plaza de Mayo) 협회장; 돈 루이지 치어띠(Don Luigi Ciotti), 리베라(Libera) 협회 회장; 카를라이 빌라리노(Carlyle Vilarinho), 브라질 정부의 내각대표; 호세그라지아노 다 실바(JoséGraziano da Silva), 브라질 정부의 기아 없음(Zero Hunger) 프로그램 장관; 아모스 오즈(Amos Oz), 작가; 안드레아 카밀레리(Andrea Camilleri), 작가; 몬시뇰 라파엘레 노가로(Monsignor Raffaele Nogaro), 카세르타(Caserta)의 주교; 티지아노 테르자니(Tiziano Terzani), 작가.

5. 21세기의 세계적 인도주의자

- 2017년 선학평화상(Sunhak Peace Prize), "아프리카 및 중동 난민을 위한 긴급 의료 구호 업적"
- 2016년 트라우마 및 응급수술을 위한 유럽협회(European Society of Trauma and Emergency Surgery) 청동 상패 수상, "재난 및 군대 의학 분야에서 탁월한 업적"
- 2015년 바른생활상(Right Livelihood Award) 수상, "전쟁을 두려워하지 않고, 대립과 불의의 희생자에게 뛰어난 의료 및 수술 서비스를 제공하는 위대한 인류애와 의술 공로"
- 2006년 미국 콜로라도 대학 명예 인도주의 박사 수여
- 2004년 바실리카타(Basilicata) 대학 명예 공학 박사 수여, "전쟁과 갈등으로 심각하게 파괴된 지역의 새로운 병원 건설 및 의료 시설의 재건"
- 2003년 안토니오 펠트리넬리 상(Antonio Feltrinelli Prize from the Accademia Nazionale dei Lincei)수상, "높은 도덕적 인도주의 가치"
- 1999년 국제 비아레지오 베르실리아 상(International Viareggio Versilia Prize) 수상. 저서, 「전쟁 외과의사의 일기」(Green Parrots, Chronicles of a War Surgeon)

이제 세계가 지노 스트라다 박사를 주목하고 있다. 세계에서 가장 위험한 전쟁터에서 수많은 사람들을 살려낸 사람, 이제 세계는 30여 년간의 위험천만하고도 고된 그의 공로를 인정하며 그에게 '세계적 인도주의자'라는 칭호를 기꺼이 붙여주고 있다. 지노 스트라다 박사의 말처럼 그가 이루어낸 성과

는 '광활한 바다에 한 방울의 물을 더하는 것'이라고 할 수도 있다. 세계의 폭력은 멈출 기미가 없기 때문이다. 그렇지만 그 한 방울은 많은 사람에게 영향을 주었으며, 그를 포함해서 이머전시의 경험을 공유한 모든 사람의 삶을 인도주의로 이끌고 있다.

부유한 이탈리아 교외 지역에서 편안하게 살 수도 있었던 외과의사, 하지만 지노 스트라다 박사는 그 길을 포기하고 그동안 세상에서 제일 고통스러운 곳에서 불편하게 지내왔다. 보통의 남자들은 65세가 되면 은퇴를 생각하지만 그는 전쟁터를 떠날 수 없다. 아프가니스탄, 이라크, 수단 등지에서 이머전시에 의해 개설되고 운영되는 47개의 보건진료센터를 돌보며 지내고 있다. 고통에 신음하는 환자가 있는 한, 그는 편히 쉴 수 없기 때문이다.

지노 스트라다와 이머전시의 동료들은 뉴욕 타임즈 매거진, 영국 가디언지, 60분과 같은 중요한 국제 신문과 TV 프로그램에 소개되고 있다. 2012년 키프리 데이비슨 감독은 〈오픈 하트 (Open Heart)〉라는 다큐멘터리 영화에서 8명의 르완다 어린이가 매우 위험이 높은 심장 오픈 수술을 받으며 생사의 기로에 놓인 이야기를 다루기도 했다. 이머전시의 살람 심장외과 센터의 이야기인 이 영화는 제85회 아카데미상 '다큐멘터리 단편' 부문 후보로 지명되었다. 이런 세계적인 인정을 그는 개인적인 영화로 여기지 않는다. 그저 세계의 비극을 더 많은 사람들에게 알릴 수 있는 기회, 함께 해결할 수 있는 기회로 여길 뿐이다.

이제 노년의 그늘이 그의 삶을 덮어가고 있다. 몇 년 전에는 심장절개 수술을 받았다. 이라크 쿠르디스탄의 사담 군대로부터 포화세례를 받는 동안 심장마비로 고생한 후 관상동맥 우회 수술을 받게 된 것이다. 2009년엔 이머전시를 공동 설립한 그의 아내 테레사가 하늘로 먼저 떠났다. 테레사가 발전시킨 이탈리아 이머전시 본부에는 현재 4,000명의 자원봉사자가 활동하고 있으며, 현재는 그의 딸인 세실리아가 어머니의 업무를 이어받고 있다. 그는 테레사가 남긴 모든 것을 헛되이 하고 싶지 않기에 오히려 더 열심히 일하게 된다고 말한다.

2013년에 이탈리아의 기성 정치권 부패를 강력히 비난하며 인기를 얻은 신생정당 '5성운동(Five Star Movement)'이 '누가 최고의 이탈리아 대통령 후보가 될 것인가'라는 주제로 온라인 설문 조사를 실시했을 때, 지노 스트라다 박사는 2위를 차지했다. 이에 대한 그의 생각은 분명하다.

"정치적인 문제는 병원 밖에 남겨 두어야 합니다. 의사는 의사고, 의료진은 도움이 필요한 사람들을 돌봐야 합니다. 그것이 의사의 마지막 이야기가 되어야 합니다."

그리고 이것은 이 세계적 인도주의자의 마지막 이야기가 될 것이기도 하다.

제4장

미래세대를 위한
선학평화상 수상

1. 선학평화상을 수상하다

2017년 2월 3일 서울 잠실 롯데호텔월드에서 열린
제2회 선학평화상 시상식에서 난민 위기 해결을 위한 공로로
이탈리아 외과의사인 지노 스트라다 박사와 아프간 여성교육가인
사키나 야쿠비 박사가 선학평화상을 공동 수여하게 되었다.

"지노 스트라다 박사는 기본적으로 '치료받을 권리'와 양도할 수 없는 인류 보편의 인권이라는 숭고한 신념으로, 세계 최극빈자들에게 질 높은 치료를 제공하여 인권을 드높였습니다."

2016년 11월 29일 미국 워싱턴 D.C.에서 선학평화상위원회는 제2회 선학평화상 수상자로 지노 스트라다 박사를 선정 발표하였다. 선학평화상은 문선명·한학자 총재 부부의 '전 인류 한 가족'이라는 비전을 토대로 인류의 평화로운 미래를 준비하기 위해 한국에서 제정된 평화상인데 제2회 공동 수상자 중 한 명으로 지노 스트라다 박사가 선정된 것이다.

선학평화상위원회는 매회 시상에서 인류 공동의 운명을 평화로운 방향으로 이끌 '미래 평화 아젠다'를 제시하고 있다. 제2회 시상에서는 역사상 유례없이 치솟고 있는 난민 발생율과 그로 인해 고조되고 있는 국제관계 위기가 세계평화를 심각하게 저해하고 있다고 판단하여 '난민 위기'를 미래 평화 아젠다로 조명하였다. 그리고 이듬해인 2017년 2월 3일 서울 잠실 롯데호텔월드에서 열린 제2회 선학평화상 시상식에서 난민 위기 해결을 위한 공로로 이탈리아 외과의사인 지노 스트라다 박사와 아프간 여성교육가인 사키나 야쿠비 박사가 선학평화상을 공동 수상하게 되었다. 지노 스트라다 박사는 국경을 초월한 인류애로 지난 28년간 지구촌 분쟁의 최전선에서 난민 및 전쟁 희생자를 위해 '긴급 의료 구호'를 펼쳐 800만 명의 생명을 살려낸 공적이 높게 평가되었다.

"난민들의 산산 조각난 삶은 우리의 행동을 촉구하고 있습니다. 전쟁 없는 세계를 위해 행동을 취하는 것은 세계 시민의 몫이며, 인류의 발전이 계속 되기를 원한다면 전쟁 논리를 포기하고 형제애를 가지고 연대를 긴급하게 실천해야 합니다."

이날 지노 스트라다 박사는 수상 연설을 통해 세계 시민으로서의 행동의 필요성을 강력하게 호소하였다. 시상식에는 해외 전·현직 대통령, 부통령을 비롯한 정관계, 학계, 재계, 언론계, 종교계를 대표하는 800여 명의 인사들이 참석하였는데 참석자 모두 지노 스트라다 박사의 업적과 그의 수상연설에 깊은 감동을 받았다. 특히 지노 스트라다 박사의 업적을 소개하는 영상이 상영된 후에는 식장의 참석자들이 모두 기립하였고 박수갈채가 한동안 끊이지 않고 쏟아지는 진풍경이 펼쳐졌다.

지노 스트라다 박사의 수상은 선학평화상 시상식에 참석한 국제 지도자들에게 인류를 하나로 이어주는 인간다움의 가치를 기억해야 함을 상기시키는 계기가 되었다. 또한 국제적 연대를 통해 난민들이 조속히 건강한 삶을 되찾을 수 있도록 지혜를 모색해야 한다는 점을 공감케 하였다. 세계 지도자들의 가슴속에 그러한 도덕적 책임감이 공명할 수 있는 메시지를 전달했다는 것에 그의 선학평화상 수상은 평화사적인 의미가 있었다.

2. 주요 수상 업적

선학평화상위원회는 지노 스트라다 박사의 업적을 크게 세 가지로 아래와 같이 제시하여 제2회 선학평화상 선정 이유를 밝혔다.

첫째, 아프리카·중동 분쟁의 최전선에서 긴급 의료구호 활동을 펼치다.

지노 스트라다(Gino Strada·68세)는 이탈리아 외과의사로 28년간 전 세계 분쟁지역에 뛰어들어 생명이 위태로운 난민, 전쟁 희생자, 빈민들에게 긴급 의료구호를 펼치고 있는 인도주의자다.

그는 1989년 국제적십자위원회(IRCR)의 참전 의사로 활동한 것을 시작으로, 1994년에는 전쟁 희생자 및 극빈곤층에게 고품질 무료 의료서비스 제공을 목표로 국제 긴급의료 단체인 '이머전시'를 설립하였다. 현재까지 이머전시는 전 세계에서 가장 위험하고 의료 여건이 취약한 17개국에서 60개가 넘은 병원, 외과센터, 재활센터, 소아과 진료소, 응급처치소, 보건센터, 모성센터 및 심장수술센터를 운영하고 있으며, 지금까지 8백만 명 이상의 생명을 살렸다. 최근에는 아프가니스탄, 중앙아프리카공화국, 이라크, 이탈리아, 시에라리온, 수단에서 활동에 집중하고 있다. 특히 아프가니스탄에서는 카불과 아쉬카르가 두 곳에서 외과 센터를 운영하고 있고, 아나바에서는 모성센터와 병원을 운영하고 있다.

2007년 아프리카 최초로 수준 높은 심장수술을 무료로 제공하는 '살람 심장외과 센터'를 수단에 설립하여 선천성 및 후천성 심장병 환자들을 치료했다. 살람 심장외과 센터는 지역 심장외과 프로그램의 허브 역할을 하고 있다. 아프리카 27개국의 환자들에게 6,500건 이상의 수술과 56,000건 이상의 심장 검사를 실시하여 세계적 수준에 필적한 수술 결과를 얻었다. 2009년부터는 중앙아프리카공화국에서 유일한 무료 소아과병원을 운영하고 있고,

2014년 서아프리카에 에볼라 바이러스(EVD)가 확산됐을 때 혁신적 치료법을 제시하는 에볼라치료센터(100개 병상)를 운영했다. 2014년 7월부터는 이라크 내 난민촌에서 6개 의료센터를 운영하며 인도주의적 위기에 대처하고 있다. 2006년부터는 유럽으로 급격히 유입되는 난민 지원을 위해 이탈리아에 11개의 의료시설을 운영하고 있다.

현재 이머전시는 세계 도처에서 일어나는 비극에 효과적으로 대응하기 위해 유엔과 긴밀하게 협력하고 있다. 2008년 유엔 공공정보부의 공식파트너가 되었고, 2015년부터 유엔 경제사회이사회(ECOSOC)의 특별 지위를 얻어 평화 세계 구축에 앞장서고 있다.

둘째, '치료받을 권리' 보장으로 존엄한 인권 수호에 앞장서다.

지노 스트라다는 기본적이고 양도할 수 없는 인류 보편의 인권인 '치료받을 권리'를 위해, 힘없고 가난한 사람들에게 차별 없이 고품질 치료를 제공하며 평화, 연대, 인권의 가치를 적극적으로 알렸다.

특히 공공 의료서비스에 대한 인식이 희박한 아프리카에서 의료서비스가 인간답게 살기 위해 기본적인 인권이며, 의료권 보장에 국가가 앞장서야 한다는 인식을 확산시키는 데 주력하고 있다. 그의 적극적인 노력으로 2008년 세계 최극빈국인 아프리카 11국(중앙아프리카공화국, 차드, 콩고민주공화국, 지부티, 이집트, 에리트레아, 에티오피아, 소말리아, 수단, 남수단, 우간다) 정부는 '국민의 치료받을 권리를 인정하고, 건강관리 서비스를 무료로 제공하기 위해 노력하겠다'는 이머전시의 '의료에 기반한 인권 선언문'에 서명하였다.

2007년 지노 스트라다는 아프리카에 11개의 전문 의료센터를 만들겠다는 프로젝트의 첫 작업으로 살람 심장외과 센터를 건립했다. 살람 심장외과 센터 건립의 경험을 발판으로 2010년에는 11개국이 아프리카 대륙의 의료 시스템을 강화하기 위해 최상의 의료 센터를 짓는 프로젝트인 아프리카 의료 전문 네트워크(ANME, African Network of Medical Excellence)에 참여하기로 했다. 현재 두 번째 의료 센터인 소아과 센터가 우간다에서 건립 중이며 2018년 12월 오픈을 목표로 하고 있다.

이머전시의 국제 의료진들은 '평등', '고품질 의료서비스', '사회적 책임'이라는 세 원칙하에 누구에게나 차별 없이 무료로 의료서비스를 제공하고 있으며, 현지 의료인들이 의술을 성공적으로 수행할 수 있을 때 언제든지 현지 보건당국에 의료시설을 넘겨주겠다는 목표로 심층적인 의술 전수 활동을 벌이고 있다.

셋째, '반전' 및 '대인지뢰 생산 금지' 캠페인으로 평화 문화를 주도하다.

지노 스트라다는 "전쟁은 어떠한 이유로도 정당화될 수 없는 강제와 폭력의 근원이며, 인간의 존엄성을 짓밟는 잔악한 행위로 지구촌에서 사라져야 한다"는 확고부동한 도덕적·정치적 입장으로 반전운동 펼치고 있다.

수십 년간 분쟁지에서 지뢰로 인한 민간인 사상자와 인간의 불행을 직접 목도한 지노 스트라다는 1997년 이탈리아의 대인지뢰의 생산과 사용을 금지하는 캠페인을 열성적으로 실시하여 1998년에 달성했다. 이와 함께 2001년과 2003년 아프가니스탄과 이라크의 전쟁에 이탈리아가 개입하는 것을 강력하게 반대하는 운동을 펼쳤다. 2002년 이머전시는 대대적 반전 캠페인을 벌여 50만 명이 반전 시위를 했다.

2003년 아프가니스탄 전쟁이 악화되고, 이라크 전쟁이 시작되자 이머전시는 "증오와 폭력이 인류의 유일한 언어가 되기 전에, 정부와 무장단체는 폭력을 멈춰야 한다"고 요구하는 반전 서명 운동을 시작했다. 이에 세계적인 석학인 노암 촘스키(Noam Chomsky) MIT 교수를 비롯하여 이그나시오 라모넷(Ignacio Ramonet) 르몽드 디플로마티크 편집자, 오스카르 루이지 스칼파로(Oscar Luigi Scalfaro) 이탈리아 전 대통령(1992-1999), 리고베르타 멘추(Rigoberta Menchù) 1992년 노벨평화상 수상자, 리타 레비몬탈치니(Rita Levi Montalcini) 1986년 노벨의학상 수상자, 다리오 포(Dario Fo) 1997 노벨문학상 수상자, 잭 스타인버거(Jack Steinberger) 1988년 노벨물리학상 수상자 등 세계적인 인사들이 서명했다. 이머전시는 이 전쟁에 개입한 이탈리아 외무성이 이머전시의 아프가니스탄 병원을 지원하겠다고 했을 때 도덕적 정당성에 어긋난다는 이유로 거부했다.

지노 스트라다는 "인류의 평화로운 미래를 보장하기 위해서는 생존에 필요한 모든 인권을 부정하는 전쟁이 사라져야 하며, 현 세대가 미래세대를 위해 할 수 있는 최선의 일은 전쟁이 없는 세계를 만들기 위해 함께 노력하는 것"이라고 전 세계를 향해 호소하고 있다.

3. 수상 연설문[8] :
"평화를 이루는 것은 세계 시민의 몫"

8) 본 연설은 지노 스트라다 박사가 2017년 2월 3일 대한민국 서울 잠실 롯데호텔월드에서 열린 제2회 선학평화상 시상식장에서 수상 기념으로 한 연설이다.

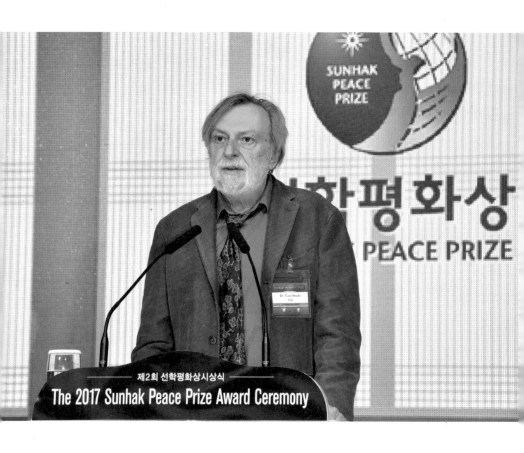

신사 숙녀 여러분!

전쟁과 폭력으로 얼룩져 평화에 대한 논의가 비현실적이고 유토피아적으로 여겨지는 이때, 선학평화상을 받게 되어 매우 영광입니다. 세계평화를 이루기 위해 평생 헌신한 문선명, 한학자 총재께 감사드리고 싶습니다. 설립자께서는 인류 한 가족이라는 이름으로 근본적인 평화의 가치와, 대화와 협력을 고취하셨습니다.

오늘날 미래세대와 지속 가능한 평화를 나누기 위해서는 더 나은 세계에 대한 준비가 강력히 요구됩니다. 저는 지난 30년간 전쟁으로 피폐해진 르완다, 페루, 에티오피아, 소말리아, 캄보디아, 이라크, 아프간, 수단에서 환자들을 수술해오며 전쟁의 잔혹함과 그 파괴적인 영향력을 목도해왔습니다. 제가 23년 전 설립한 인도주의적 기관인 이머전시는 무료로 높은 수준의 의료 및 외과 서비스를 전쟁 피해자들에게 제공하고 있습니다. 전쟁은 단지 부상을 당한 난민뿐 아니라 미래 전체 세대에 심각한 영향을 미칩니다. 현재 전 세계에서 많은 사람들을 고통과 굶주림으로 몰아넣고 있는 많은 갈등들이 비공인되거나 고의적으로 무시되고 있습니다. 대학살은 이루 다 기억할 수도 없을 정도로 증가하고 있습니다. 그러나 일반 사람들에게 그런 비극은 자신들의 일상과는 너무 먼 낯선 일처럼 보입니다. 폭탄과 포탄이 터지고 난 후, 그곳에 살아남기 위해 고통스럽게 몸부림치고 있는 사람들이 남겨져 있다는 사실을 의식하지 못한 채 뉴스를 보는 것은 매우 쉬운 일입니다. 그러나 전쟁피해자의 90%는 우리와 같은 민간인들입니다. 사랑하는 사람들과 함께 안전하게 살고 싶은 소망을 가진, 우리와 똑같은 욕구, 똑같은 희망, 똑같은 바람을 가진 사람들입니다.

최근 통계에 따르면 상위 8명의 부자가 하위 36억 명의 부를 소유하는 한편, 9명 중 1명은 굶주리며 잠자리에 든다고 합니다. 그래서 사람들은 갈수록 아주 위험한 여정을 떠나고 있고, 더 나은 미래를 찾기 위해 분투한다는 것입니다.

지난해 전 세계에서 6천만 명 이상이 강제 이주민이 되었습니다. 그들은 평화로운 미래를 꿈꾸며 고향을 떠났지만 우리는 그들의 희망에 귀 기울이지 않았습니다. "내가 뭘 잘못했죠?"라고 시칠리아에 도착한 한 소말리아 난민 남성이 저에게 물었지만 저는 그에게 답하지 못했습니다.

'난민 위기'에 대처하는 유럽의 인권 접근방식에서 우리는 '위선'을 목도했습니다. 겉으로는 평화와 민주주의와 기본권의 원칙을 강력히 고취하고 있지만, 전쟁과 빈곤을 피해 도망 온 수천 명의 사람들에게 기본적인 도움과 접근을 거부하고, 문화적 장벽과 벽으로 이루어진 요새를 세웠습니다.

아프가니스탄 사례는 상징적입니다. 지난 15년간 아프간은 새로운 전쟁으로 피폐해졌습니다. 아프간 각지의 저희 병원에는 매년 피해자 수가 갱신되고 있으며, 그중 1/3은 어린아이들입니다. 아프간은 세계에서 두 번째로 큰 난민 발생국이며, 난민 중 300만 명이 파키스탄이나 이란에 흩어져 살고 있습니다. 이 비극은 오랫동안 서구 국가들에 의해 무시되어 왔는데, 최근 아프간 난민들이 유럽으로 이주하자 비로소 이 문제가 수면 위로 부각되었습니다. 유럽 지도자들은 난민 환영 및 통합 프로그램에 투자하며 갈등의 근본 원인을 다루기보다는, 아프간 정부에게 재정적 지원을 하고 망명 신청자를 합법적으로 아프간으로 추방하는 데 합의했습니다.

난민들의 산산조각난 삶과 그들이 전쟁과 폭력의 소용돌이에서 벗어나기 위해서는 우리의 행동이 필요하다고 촉구하고 있습니다. 인류의 생존을 원한다면 전쟁 폐지는 필수적이고 필연적입니다. 전쟁 폐지는 70년 전 설립된 유엔의 핵심 임무지만 오늘날까지 이를 완수하기 위한 노력은 거의 실시되지 않고 있습니다. 이머전시는 전쟁 폐지야말로 인간의 고통을 끝내고 보편적 인권을 증진시키기 위한 유일하고 현실적이고 인간적인 해결책이라 믿습니다. 이를 위해 평범한 시민뿐만 아니라 세계적으로 저명한 학자들과 함께 국제적인 반전 캠페인을 벌이고 있습니다. 전쟁 없는 세계는 현실적이고 달성 가능한 목표입니다. 이를 위해 행동을 취하고 평화를 이루는 것은 세계 시민의 몫입니다. 인류의 발전이 계속 되기를 원한다면, 전쟁 논리를 포기하고 형제애와 연대를 긴급하게 실천해야 합니다. 오늘 저는 이러한 노력에 여러분들이 동참하기를 간청하는 기회를 갖게 되어 매우 기쁩니다.

감사합니다.

2017년 2월 3일
지노 스트라다 박사

4. 월드서밋 연설문⁹⁾ :
"모든 인간의 인권을 보장하는 것이 세계 평화의 기술"

9) 본 연설은 지노 스트라다 박사가 2017년 2월 3일 대한민국 서울 잠실 롯데호텔월드에서 열린 국제 컨퍼런스 '월드서밋 2017'
에서 한 연설이다.

328 치료받을 권리 지켜낸 영웅, 지노 스트라다

여러분 안녕하십니까.

약 500년 전 노트르담의 유명한 철학자인 라스모스는 "전쟁을 모르는 사람들만이 그것을 높이 평가한다."고 말했습니다. 저는 약 30년 동안 전쟁 지역에 살면서 일해 왔는데, 제가 본 것, 경험한 것, 그리고 배운 것들을 보여드리고 싶습니다. 우선, 여러분에게 오늘 보여드릴 사진들 중 일부는 다소 끔찍하기 때문에 앞서 양해를 구합니다. 우리가 전쟁에 대해 실질적으로 이야기하기 위해서는 사진들을 있는 그대로를 보여드려야 한다고 생각합니다. 전쟁은 사진 속의 모습보다 더 가혹하기 때문입니다. 전쟁의 희생자가 된다는 것은 스트립 선로나 폭탄, 고속 총알, 대인지뢰의 희생자가 된다는 것을 의미합니다. 여러 국가에서 다양한 모델을 사용하고 있으며 수백만 개의 이런 비인간적인 무기가 전 세계에 흩어져 있습니다.

저는 20년 전에 이라크의 강변에서 이 사진을 찍었습니다. 다 돌처럼 보이죠. 그러나 여기에 표시된 붉은 원 안에는 돌이 아닌 것이 있습니다. 돌처럼 보이는 이것은 지뢰입니다. 재질은 플라스틱으로 방수 기능이 있으며 수십 년이 지나도 작동될 수 있습니다. 누군가 이 지뢰를 밟는다면, 이렇게 됩니다. 아프가니스탄에서는 이를 "녹색 앵무새(green parrot)"라고 부릅니다. 이 지뢰는 병사들이 아닌 어린이들을 타깃으로 합니다. 이것은 어린이를 죽게 하지 않고 불구만 되도록 특별히 고안된 것입니다. 아이들은 하나 또는 두 손을 잃게 되거나 대부분 시력을 잃게 됩니다. 이 무기의 목적은 적국에서 아이들을 불구자로 만들거나 심각한 상해를 입히는 것입니다. 이것은 명백한 테러입니다.

수년간 전쟁 희생자들을 수술해오면서 도대체 누가 전쟁의 대가를 치르고 있는 것인지를 스스로 물어왔습니다. 응급실에서 저는 영화의 람보처럼 무장한 사람들은 보지 못했습니다. 주로 어린이와 여성들을 치료해 왔습니다. 어떠한 무기도 가지고 있지 않은 사람들이었습니다. 저는 아프가니스탄 카불의 병원에서 입원한 환자들 12,000명을 대상으로 입원한 순서대로 정보를 수집하고 통계를 수행하였습니다. 34%는 어린이, 26%는 노인, 17%는 비전투원, 16%는 여성이었고 단지 7%만이 전투원이었습니다. 따라서 전쟁의 필요성을 말하는 사람들은 이것을 기억해야 합니다. 총알이나 지뢰 피해자 10명 중 9명은 무장한 군인이 아니라 민간인이고 그 민간인 피해자의 3명 중 1명이 아동이라는 것을 말입니다. 다음 내용은 제1차 세계대전에서 제2차 세계대전까지의 기간과 지금을 비교해 봤을 때, 전쟁 희생자 중 전투원과 민간인의 피해 수치의 변화를 보여주고 있습니다. 제1차 세계대전 당시 사상자 중 15%만이 민간인이었고 85%가 군인이었습니다. 오늘날 분쟁에서 희생자의 90% 이상이 민간인이며, 이는 전투원이 오히려 안전하다는 것을 의미합니다.

제2차 세계대전 후, 유엔이 설립될 때 "평생 동안 두 번이나 인류에게 큰 슬픔을 안겨준 전쟁의 징벌로부터 후세대를 구하기 위해, 기본적인 인권에 대한 신념, 인간의 존엄성과 가치, 남성과 여성 그리고 크고 작은 국가 간의 평등한 권리에 대한 신념을 재확인하기 위해 설립한다."는 내용이 유엔 설립 목적의 전문에 기록되어 새로운 희망을 가졌었습니다. 그 목적은 달성되었습니까? 이 요구를 이행했습니까? 저는 아니라고 말하고 싶습니다. 완벽하고 완전한 실패였습니다. 그리고 다시 새로운 도구가 탄생되었습니다. 유엔 안전보장이사회는 유엔의 신속하고 효과적인 행동을 보장하기 위해 설립되었으며, 회원국은 국제 평화와 안전 유지를 위한 안전보장인 사회의 일차적인 책임에 대해 협의했습니다. 유엔 안전보장이사회는 이 의무를 이행했습니까? 제 대답은 또 "아니오"입니다. 제2차 세계대전 후, 새로운 원칙이 대중화되기 시작했는데 그 중요한 문서가 바로 세계인권선언이었습니다. 세계인권선언은 모든 인간의 기본 평등과 권리와 존엄성을 인정하는 것이 세계의 자유와 정의와 평화의 기초라는 내용을 담고 있습니다. 즉 모든 인간의 기본적인 평등에 대한 인식이 없다면 평화를 가질 수 없고, 자유를 가질 수 없으며, 정의를 가질 수 없다는 것을 의미합니다.

그러나 제2차 세계대전 이후 모든 사람들이 희망하던 평화와 인권 증진의 새로운 시대는 오지 않았고 전례없는 군비 경쟁이 벌어졌습니다. 1946년 이후 전 세계에서 160번 이상의 중대한 분쟁이 발생했습니다. 화면을 보시면 이것은 세계 군사 지출입니다. 2015년은 1조 6,760억 달러에 육박하였습니다. 이것은 세계 시민 중 가장 가난한 10억 명이 사용할 수 있는 돈과 맞먹습니다. 세계에서 유통되는 무기의 74%는 소위 유엔 안전보장이사회의 상임 이사국인 중국, 프랑스, 러시아, 영국 그리고 미국에 의해 생산 및 수출되고 있습니다. 유엔 안전보장이사회가 실제로는 무기 상인들의 이사회였으며 이것은 국제적인 스캔들입니다.

1994년에 제가 설립한 이머전시의 사명 선언문에는 전쟁으로 파괴된 지역에서 높은 수준의 무료 의료 및 수술 지원을 제공하며 평화와 연대, 인권 존중의 문화를 장려하고자 한다고 표기되어 있습니다. 지금까지 우리는 여러 나라에서 8백만 명이 넘는 환자를 치료했으며 10,000명 이상의 의료진을 교육했습니다. 화면을 보시면 우리가 설립한 수술 센터들이 나와 있습니다. 이것은 이라크의 건물입니다. 이것은 캄보디아의 바탐방 지역에 있습니다. 이것은 리비아의 게르나다에 있습니다. 이것은 아프가니스탄의 카불 그리고 라쉬 카르가 지역에 있습니다.

그리고 병원 주변에 응급 진료소를 설치했습니다. 아프가니스탄에는 50개 이상의 응급 진료소가 있어 환자를 안정시키고 가장 가까운 수술 센터로 보내 줄 수 있게 운영되고 있습니다. 재활도 치료의 일부이기 때문에 우리는 전쟁 재활을 위한 새로운 보철물도 제공하기 시작했습니다. 시간이 지날수록 우리는 전쟁의 희생자가 총알이나 지뢰에 부상당한 사람들만이 아니라는 것을 깨달았습니다. 전쟁으로 인해 의료 인프라가 파괴되어 안전하게 임신을 할 수 없는 여성 또한 전쟁의 희생자로 간주되어야 합니다. 1차 의료를 받을 수 없는 어린이도 전쟁의 희생자로 간주되어야 합니다. 그래서 우리는 아시아와 아프리카의 여러 지역에 산부인과 센터와 소아과 병원을 설립하기 시작했습니다. 그리고 지금 화면에 나오는 것이 시에라리온, 중앙아프리카공화국, 그리고 수단에 있는 시설입니다.

최근 전 세계적으로 이주 위기가 발생했습니다. 우리는 시리아 난민과 이라크의 국내 실향민들을 위해 이라크 국경에 난민촌을 세웠습니다. 피난민은 이탈리아에도 들어옵니다. 이탈리아는 난민들이 다른 삶을 살기 위해 유럽으로 올 때 거쳐 갈 수 있는 첫 나라입니다. 우리는 해양 구조뿐만 아니라 난민들에게 의료 서비스를 제공하는데, 난민들뿐 아니라 모든 도움이 필요한 사람들을 위한 진료소를 설립했습니다. 처음에 우리는 이 진료소를 대부분 난민들이 이용할 것이라고 생각했습니다. 그러나 사실 이탈리아 시민들도 의료 서비스 비용을 지불할 여력이 없기 때문에 이 진료소에 많은 이탈리아 시민들도 찾아오는 것을 볼 수 있었습니다.

그래서 우리는 비상 대응뿐만 아니라 인권 공유라는 측면에서 생각하기 시작했습니다. 인권은 매우 명확한 개념이어야 합니다. 이것은 무슨 의미일까요? 모든 사람의 권리를 의미합니까? 아니면 부자의 특권인 권리를 의미합니까? 우리는 높은 수준의 의료 치료와 수술이 모든 사람에게 무료로 제공되어야 한다는 신념에 따라 수단 카르툼에 심장 수술을 위한 살람 심장외과센터를 설립하였습니다. 건강관리가 보편적 인권이라면 모든 사람이 똑같은 권리를 가져야 합니다. 그리고 이 센터를 10년간 운영하면서 26개국에서, 주로 아프리카 국가의 어린이들에게 무료로 진료 및 수술을 제공해 왔습니다. 이를 계기로 우리는 많은 아프리카 보건 장관들과 함께 아프리카 우수 의료 네트워크(ANME)라는 프로그램을 설계하는 것에 대해 논의하게 되었습니다. 왜냐하면 우리는 아프리카가 2등급 서비스가 아닌 의학적 우수성을 보유하기를 원하기 때문입니다. 그리고 우리는 아프리카 우수 의료 네트워크의 두 번째 센터로 우간다에서 소아과 수술 센터의 기공식을 곧 올릴 예정입니다.

우리가 배울 수 있는 교훈은 무엇일까요? 첫째, 인도주의적 활동은 모든 사람들이 평등하고 존엄하게 태어났다는 원칙에 기반해야 한다는 점입니다. 따라서 우리 가족과 친구들, 그리고 우리 자신에게 주려고 하는 것과 동일한 의료 기준을 아프리카 사람들에게도 줘야 합니다. 어떤 병원이어야 하느냐면, 우리가 다닐만한 기준이어야지 그들에게도 제공할 수 있다는 것입니다. 누군가 치료를 받기 위해 해외로 나가면 되지 않느냐고 한다면, 그 사람은 그 문제에 대해 단지 농담하고 있고, 심각하지 않다는 것을 의미합니다. 둘째, 우리는 대부분 나라의 정부에 있어, 전쟁은 국내외 논쟁을 위한 해결책이라는 것을 알게 되었습니다. 그러나 세계 시민들에게 전쟁은 해결책이 아닙니다. 전쟁은 문제에 불과합니다. 시민들이 부상당하고, 불구가 되고, 살해되고, 가난에 시달리게 되고, 분노하게 되고 실향민이 되기 때문입니다.

전쟁에 대한 윤리적인 정당성은 더 이상 없습니다. 인도주의적인 전쟁을 말하는 사람들이 있습니다. 전쟁은 인도주의적일 수 없습니다. 전쟁은 인간을 죽이기 때문에 비인간적인 것입니다. 저는 의사이지만, 전쟁이 무고한 민간인을 죽이는 것과 같이, 10번 중 9번은 먹었을 때 환자가 죽게 되는 약은 본 적이 없습니다. 전쟁에 대한 정치적 정당성은 더 이상 없습니다. 우리는 모든 전쟁이 다음 전쟁을 준비하는 과정인 것임을 점점 수차례 경험해 왔습니다. 모든 폭력은 전쟁이든 테러 행위든, 같은 동전의 양면인 것처럼 단지 다음을 위한 준비일 뿐입니다. 그리고 더 이상 역사적인 정당성은 없습니다. 우리는 인간의 발전을 끝내고 지구 전체를 파괴할 수 있는 대량 살상 무기를 생산해 왔으며, 미래 세대를 생각하면 더 이상 이러한 위험을 감당할 수 없습니다.

그래서 이머전시는 유명한 인사들, 과학자들을 참여시켜 일반 시민들과 함께 활동하려고 합니다. 왜냐하면 시민들은 전쟁을 원치 않기 때문입니다. 저는 어느 국가에서든 정부에 전쟁을 요구하는 시민들의 대량 시위운동을 본 적이 없습니다. 반대로 정부는 전쟁이 필연적으로 불가피하다거나 선한 것이라고 시민들에게 납득시키기 위한 거짓말을 하고 있음을 알 수 있습니다. 그래서 저는 1932년 알버트 아인슈타인의 의견을 믿고 공감합니다. 그는 제네바에서 진행된 군축 정상회의를 포기했습니다. 그 회의는 어떤 무기를 합법적인 것으로 용인할지 혹은 받아들일 수 없는지에 관해 논의가 진행되고 있었습니다. 아인슈타인은 이에, "전쟁은 인도화될 수 없다. 전쟁은 폐지되어야 한다."고 했습니다. 전쟁 폐지는 오늘날 매우 필요한 것입니다.

저는 천주평화연합(Universal Peace Federation)이 이 운동에 참여하기를 제안합니다. 우후죽순으로 나라가 생겨나고 있는 와중에, 유엔에서 전쟁폐지에 관해 논의가 단 한 번도 진행된 적이 없다는 것은 스캔들입니다. 우리는 이런 것들에 대해 토론해야 합니다. 우리는 그것을 달성해야만 합니다. 달성하기 쉽습니다. 전쟁을 피하는 법에는 많은 해답이 있습니다. 그것은 매우 간단합니다. 전쟁을 피하려면 전쟁 폐지에 대한 논의를 간과하지 마십시오.

감사합니다.

Biography

Gino Strada
Italian Surgeon

Born April 21, 1948 in Milan, Italy

1978 Postgraduate school, specialist in Emergency Surgery, University of Milan

2004 Honorary degree, Engineering, Basilicata University

2006 Doctor of Humane Letters, Colorado College of Colorado Springs

Professional Background

1978-1984	Surgeon, Institute of Emergency Surgery, University of Milan (Italy)
1981	Visiting Surgeon, Groote Schuur Hospital, Capetown, South Africa.
1989-1992	Surgeon, International Committee of the Red Cross (ICRC) Hospital (Pakistan, Ethiopia, Thailand, Afghanistan)
1993	Chief Surgeon, Berbera Hospital, Somalia
1994	Surgeon, Koshevo Hospital, Bosnia-Hezegovina
1994-2007	Chief Surgeon, EMERGENCY Hospitals (Rwanda, North Iraq, Cambodia, Afghanistan, Eritrea)
2007-Present	Cardiac Surgeon, Salam Centre for Cardiac Surgery (Khartoum, Sudan)

Major Awards

2003	Antonio Feltrinelli Prize (Accademia Nazionale dei Lincei Foundation)
2015	Right Livelihood Award (Right Livelihood Award Foundation)
2016	ESTES Plaquette (European Society for Trauma and Emergency Surgery)
2017	Sunhak Peace Prize (Sunhak Peace Prize Foundation)

지노 스트라다
이탈리아 의사

1948. 4. 21. 이탈리아 밀라노 출생
1978. 밀라노대학교 의과대학 졸업 (응급 수술 전공)
2004. 바시리카타 대학, 명예 공학 박사
2006. 콜로라도 대학, 명예 인도주의 박사

주요 경력
1978-1984   이탈리아 밀라노, 밀라노 대학 응급수술기관 외과의사
1981   남아프리카 케이프타운, Groote Schuur 병원 방문 외과의사
1989-1992   국제적십자위원회 (ICRC) 병원 외과의사
            (파키스탄, 이디오피아, 태국, 아프가니스탄)
1993   소말리아, 베르베르 병원 수석 외과의사
1994   보스니아 – 헤르체코비나, 코소보 병원 외과의사
1994-2007   이머전시 (Emergency) 병원 수석 외과의사
            (르완다, 북이라크, 캄보디아, 아프가니스탄, 에리트레아)
2007-현재   수단 살람심장외과 센터 외과의사

수상 경력
2003   안토니오 펠트리넬리상 (Accademia Nazionale dei Linceil 재단)
2015   바른생활상 수상 (바른생활상 재단)
2016   외과 및 응급 수술을 위한 유럽학회상 수상
        (European Society for Trauma and Emergency Surgery)
2017   선학평화상 (선학평화상 재단)